HISTOIRE

NATURELLE

DU THÉ,

AVEC DES OBSERVATIONS

Sur ses qualités Médicales, & les effets qui résultent de son usage.

Par Jean Coakley, M. D. F. S. A.

Ad utilitatem vitæ omnia consilia, factaque nostra dirigenda sunt. Tacit.

A PARIS,

Chez Lacombe Libraire, rue Christine.

M. DCC. LXXIII.

EXCELLENTISSIMO VIRO,

PHILOBOTANO CLARISSIMO,

D. D. DE JANSSEN,

EQUITI

S. P. D.

J. A. TROCHEREAU DE LA BERLIERE, Academiæ Rhotomagenfis Socius, nec non antiquus rei nauticæ regiæ Proto-fcriba.

EXTRAIT

DE LA NATURE

CONSIDÉRÉE

SOUS SES DIFFÉRENS ASPECTS.

HISTOIRE
NATURELLE
DU THÉ.

LETTRE

Sur le Thé de la Chine cultivé en France & en Angleterre.

REGNE VÉGÉTAL.

Au moment que je vous écris, je reçois, MONSIEUR, de la part de M. Trochereau de la Berliere, la traduction d'un excellent Traité que le Docteur Coakley Lettfom vient de publier tout récemment à Lon-

A ij

dres en idiôme Anglois ; ce Mémoire m'a paru contenir beaucoup
de chofes intéreffantes fur un arbriffeau auffi utile que le Thé ; à l'inf-
tant même , je me fuis décidé à vous
le faire connoître par la voie de notre correfpondance : M. Trochereau
a joint à fa traduction une courte préface dont je vous ferai pareillement
part , ainfi que de deux differtations,
dont l'une roule fur ces mots fi communément ufités, *à quoi bon ?* & l'autre fur l'époque des premiers progrès de la Botanique à Paris & fur
l'Hiftoire de cette fcience végétale ;
ces deux morceaux, qui font vraiment
l'ouvrage de M. Trochereau , for-
meront, Monsieur , le fujet de deux
autres lettres que je vous adrefferai à
la fuite de celle-ci ; en les lifant , vous
y trouverez réunies les connoiffances
profondes & l'érudition de ce fameux
Botanifte. M. Trochereau de la Berliere , avant que d'entrer en matiere.
donne d'abord la traduction de la
Préface du Docteur Anglois.

DISCOURS
PRÉLIMINAIRE
DU TRADUCTEUR.

Tempus in hortorum cultu consumere
dulce est.

M. le Chevalier Janſſen , auſſi recommandable par ſes qualités perſonnelles , par ſa politeſſe aimable & prévenante , que par ſes connoiſſances étendues dans l'Hiſtoire Naturelle , a bien voulu me communiquer l'exemplaire , ſur lequel j'ai fait cette traduction ; il l'a enrichi de pluſieurs notes écrites de ſa main ; j'en ai trop connu le prix , pour ne pas en décorer ce petit Ouvrage.

Quoique l'uſage du Thé ne ſoit pas auſſi genéralement répandu en France , qu'il l'eſt en Angleterre , en Hollande , & dans une grande partie de l'Univers connu, j'ai cru que cette Differtation feroit auffi agréable pour les Botaniftes, qu'elle peut être utile à ceux qui, par état font deftinés à nous donner des loix fur la fanté. Tel eft au moins le jugement qu'en ont porté deux habiles Médecins, auxquels je l'ai communiqué.

Les Botaniftes foupiroient depuis longtemps après la poffeffion du Thé; la Suede fe glorifioit de cette conquête; nous nous flattions de partager cette bonne fortune, M. l'Abbé Gallois ayant apporté à Trianon en 1766 un arbriffeau fous le nom de Thé; mais un examen circonftancié lui a affigné fa vraie place : on s'eft affuré que c'eft le *Camellia Japonica. Linn. Sp.* Enfin nous pouvons actuellement jouir de cet arbriffeau intéreffant. Gordon, ce fameux Pépiniérifte de Londres, l'a envoyé à M. le Chevalier de Janffen depuis quelques mois; ce dépôt précieux ne pouvoit être confié en des mains plus dignes de le pofféder & de le cultiver. Ce Thé n'a qu'un demi-pied de haut, la tige en eſt groſſe comme le tuyau d'une plume à écrire ; il a le port d'un petit *euonymus*, excepté que la feuille a le verd foncé du laurier-tin, ou d'un jeune alaterne ; les feuilles d'en bas ſont plus étroites que les dernieres d'en-haut. Telle eſt la deſcription qui nous a été communiquée par le propriétaire. La Diſſertation ſur le Thé que nous avons entrepris de traduire a deux parties ; la premiere contient la deſcription botanique de la plante, ſes différentes dénominations, ſon origine ; elle traite en outre des terreins & de la culture qui lui conviennent, de la récolte de ſes feuilles, de ſes variétés, de ſes uſages, des plantes qui peuvent la remplacer, & de la maniere de conſerver ſes ſemences. La ſeconde partie préſente les différentes expériences faites par l'Auteur ; les bons & les mauvais effets que le Thé produit ; l'hiſtoire de quelques maladies, dont il peut être regardé en Angleterre comme la vraie cauſe ; on y fait mention auſſi tout au long de l'ufage immodéré & de la confommation immenfe qu'en fait cette nation.

La defcription Botanique a été examinée & difcutée avec l'attention la plus fcrupuleufe par M. Richard, juge très-compétent en pareille matiere ; j'ai foumis l'examen de la partie médicale à deux habiles Médecins, Meffieurs Yvon & Brunier, Médecins à St Germain-en-Laye, qui ont penfé unanimement, que cette differtation feroit très-utile, & qui m'ont fort encouragés à en faire part au public ; l'ouvrage Anglois eft écrit avec ce ton de fageffe, de profondeur & d'exactitude, qui caractérife les Auteurs de cette Nation : heureux fi j'ai pu approcher de mon original ; j'ai au moins fait tout ce qui a dépendu de moi, pour que l'eftampe rendît fidélement le tableau.

PRÉFACE

Du Docteur COAKLEY LETTSOM.

L'OBJET de cet essai est d'un usage trop général parmi les habitans de ce Royaume, & dans plusieurs autres parties de l'Europe, & forme une branche de commerce si étendu, que j'ai imaginé que ce seroit faire plaisir aux curieux, que de leur donner quelques détails sur l'histoire naturelle de cet arbrisseau, avec les feuilles duquel ils sont si bien familiarisés.

On a publié plusieurs traités sur l'usage du Thé, & sur ses effets : quelques écrivains nous ont instruits de quelques circonstances relatives à son histoire naturelle, & à sa préparation, & spécialement l'infatigable Kempfer. Mais ces circonstances sont tellement éparses, & les détails qu'ils nous ont donnés des

A 5

vertus du Thé , font fi contradic-
toires & fi dépourvus de bonnes obfervations médicales , que j'ai penfé
que cette matiere méritoit d'être
traitée & difcutée avec toute la can-
deur & la fincérité poffibles. Le Lecteur aura au moins la fatisfaction
de voir réunies , dans un court efpace , les principales opinions des
Auteurs.

Depuis trois ou quatre ans , nous
avons été affez heureux pour introduire dans ce Royaume quelques
arbriffeaux de vrai Thé. On m'a dit
qu'il y en avoit anciennement un
fort grand en Angleterre. Il appar-
tenoit à un Capitaine de la Compagnie des Indes Orientales ; il l'a
confervé pendant quelques années ,
& il a toujours refufé d'en donner
des boutures ou des marcottes. Cet
arbriffeau eft mort , & il n'a pas
laiffé de poftérité en Angleterre. Le
célebre Linnæus en poffédoit , il n'y
a pas longtemps , un beau pied ; mais
j'ai été informé qu'il l'avoit perdu.
Je connois plufieurs perfonnes de
diftinction qui n'ont épargné ni pei-

nes , ni dépenses pour se procurer de la Chine cet arbrisseau toujours verd ; mais tous leurs efforts ont été infructueux ; car quoiqu'on en ait embarqué à Canton plusieurs pieds beaux & vigoureux , malgré tous les soins possibles qu'on a pris pour leur conservation pendant le voyage , ils ont séché bientôt après , & ont péri ; & jusqu'à présent un seul a pu survivre à cette navigation en Angleterre.

Le plus beau pied connu dans ce Royaume est, je crois, à Kew, (jardin célebre de la feue Princesse de Galles , où elle dépensoit annuellement des sommes considérables ;) il fut porté à ce beau Jardin Royal par J. Ellis , Ecuyer , qui l'a élevé en semence ; mais le pied qui est à Sion, appartenant au Duc de Northumberland , est le premier qui ait jamais fleuri en Europe. Il a été dessiné avec beaucoup de précision en cet état de floraison, & accompagné de sa description Botanique. Le Graveur a très-bien rendu son original , qui est actuellement en la possession du Docteur Fothergill , cet Amateur si éclairé de l'Histoire Naturelle. Je lui dois plusieurs échantillons de cette plante & de ses fleurs desséchées qu'il a reçues de la Chine. Si le lecteur compare cette planche avec la description suivante , il aura une idée aussi claire de cet arbrisseau exotique, qu'il soit possible de le faire.

On en trouve aussi des jeunes pieds introduits depuis peu dans quelques jardins de Botanique, aux environs de Londres , ensorte qu'il semble probable que ce végétal si précieux se naturalisera en Angleterre, ou dans celles de nos Colonies , qu'on estimera les plus favorables à sa propagation.

A l'égard des effets du Thé sur le corps humain , on pourroit s'imaginer , qu'un usage aussi constant, aussi général , auroit fourni des preuves si incontestables de ses bonnes & mauvaises qualités , que rien ne pourroit être plus facile , que de les déterminer avec précision. Mais

il eſt ſi difficile d'établir une certi-
tude phyſique ſur les opérations du
ſang & des remedes, que nos connoiſſances en général, même à ce
dernier égard, ſont fort imparfaites.
Cependant j'ai tâché de m'aider des
ſecours de ceux qui ont écrit avant
moi ſur cet arbriſſeau, avec quelque
apparence de probabilité, & de profi-
ter des converſations & des lumieres
de pluſieurs perſonnes éclairées, qui
exiſtent actuellement, ainſi que des
expériences & des obſervations qui
ſe ſont offertes à mes yeux; moyens
que j'ai cru propres à étendre nos
connoiſſances & nos certitudes ſur
l'objet de cet ouvrage.

Pl. X. Thea Bohea. Linn. Sp. plant. 734. Le vrai Arbre de Thé.
Decad. 10.
Fig. 3.
Fig. 6.
Fig. 7.
Fig. 8.
Fig. 9.
Fig. 15.
Fig. 16.
Fig. 17.
Fig. 5.
Fig. 4.
Fig. 1. T
Fig. 2.
Fig. 10.
Fig. 11.
Fig. 12.
Fig. 13.
Fig. 14.
Cent. 4.

HISTOIRE NATURELLE
DU THÉ.

PREMIERE PARTIE.

SECTION PREMIERE.

CLASSE XIII, ORDRE III.

POLYANDRIE TRIGYNIA, (a) fleur à plusieurs étamines & à trois pistiles.

K. Calix f. 1. 2. 3. 10.   K. le Calice f. 1. 2. 3. 10.
  Perianthium quin-   Perianthe divisé en
que partitum :   cinq parties :
minimum,   fort petites,
planum,   planes,
segmentis rotundis,   les segments ronds,
obtusis,   obtus,
persistentibus, (*fig.* permanents, f. 1. k.
  1 *k.*)

C. *Corolla*, f. 1, 3, 4, 5, 6, 7. 8.
Petala sex,
subrotunda,
concava,
duo exteriora, (f 4, 7. c.c.
minora.
florem nondum expansum.
circumdantia, (f. 3. c.
quatuor interiora. (f. 6. c.c.c.c. & f. 5.)
magna,
æqualia,
antequam decidunt recurvata, f. 8. c.c.

Stamina, f. 6, 9, 10. 11.
f. filamenta numerosa ducenta circiter. f. a F. 6. 9.

filiformia.

corollâ breviora.

C. La Corolle f. 3, 4, 5, 6, 7, 8.
Six pétales, (b).
un peu arrondis,
concaves,
deux extérieurs, (f. 4, 7. c.c.
plus petits,
environnant la fleur avant qu'elle soit épanouie, (f. 3. c.
quatre intérieurs, f. 6. c.c.c.c. & f. 5.
larges,
égaux,
recourbés, avant qu'ils tombent f. 8. c.c.

Les étamines, f. 6, 9, 10, 11.
Filets nombreux, (c) c. f. a. (f. 6. 9.) environ 200.

Il faut remarquer que les filets des étamines sont attachés à la base du germe. D'une épaisseur qui est toujours la même. Plus courts que la corolle.

*a. antheræ cordatæ, biloculares. f. 10, 11 *, lente aucta.*

a. les antheres en cœur, à deux loges f. 10, 11 *, un peu grossis.

*Piſtillum , f. 1 , 10, 12. * lente aucta.*

Le Piſtile, f. 1, 10, 12. * un peu groſſi.

g. germen globoſo tri-gonum. (f, 1 , 10, 12.)

g. le germe à trois corps arrondis réunis en forme triangulaire. (f. 1. 10. 11.)

s. ſtyli tres adbaſim coaliti f. 12.

s. trois ſtyles réunis depuis la baſe juſqu'à l'extrémité des ſommets , ſe diviſent enſuite & ſe recourbent au-deſſus des ſommets. f. 12.

Subulati ,

Subulés en forme d'a-lêne.

recurvati ,

recourbés ,

longitudine ſtaminum

de la longueur des étamines ,

inter ſtamina confer-ta coarctati , & ve-lut in unum con-ſolidati. f. 6 , 9, 10.)

ſerrés l'un contre l'autre , & ne for-mant , pour ainſi dire , qu'un ſeul corps , au centre des étamines qui les environnent & les preſſent. (f. 6. 9. 10.) (e)

Petalis autem, staminibusque dilapsis, a se mutuò recedentes, divaricantes, & longitudine auctâ, marcescentes. f. 1. 12.

Mais après que les pétales & que les étamines font tombés, ils s'éloignent les uns des autres, s'écartent, & lorsqu'ils ont acquis une certaine longueur, ils se flétriſſent ſur le germe. (f. 1. 12.

1. *ſtigmata ſimplicia.*

1. ſtigmates ſimples.

(Le ſtigmate eſt l'organe femelle de la génération. Il y en a de différentes figures, il eſt ordinairement placé à l'extrémité du ſtyle, & quand il n'y a point de ſtyle, il porte ſur le germe.)

P. *Pericarpium,* f. 1. 13, 14.

P. le Pericarpe, f. 1. 13, 14.

Capsula ex tribus globis coalita, f. 13;

Capſule formée de trois corps globulaires unis enſemble. f. 13.

trilocularis, f. 14. *apice trifariam dehicens,* f. 13.

à trois loges, f. 14. s'ouvrant à la partie ſupérieure en trois directions. f. 13. en forme de levres.

(Le Péricarpe formé du germe, groſſit & renferme les ſemences.)

S. *Semina. f.* 14.

S. Les Semences. f. 14.

Solitaria,
globosa,
introrsum angulata.

Solitaires,
rondes,
anguleuses à la partie
intérieure.

T. *Truncus. f.* 1.

T. Le Tronc. (*f*).

Ramosus,
lignosus,
teres,
ramis alternis.
vagis,

rigidiusculis,
cinerascentibus,

prope apicem rufes-
centibus,
florum pedunculi axil-
lares. f. 1. *p.*

Branchu,
ligneux,
presque cylindrique,
les branches alternes,
placées sans ordre ré-
gulier.
un peu roides,
tirant sur la couleur
cendrée,
rougeâtres à l'extrê-
mité, à la pointe,
les péduncules des
fleurs sortant des
aisselles des feuil-
les. f. 1. p.

alterni,
solitarii,
curvati,
uniflori,

incrassati. f. 1. 2. 7.
(*g*).

stipulati,
stipula solitaria.

alternes,
solitaires,
courbés, inclinés,
portant une seule
fleur,
augmentant en épais-
seur, en grosseur.
f. 1. 2. 7. (*g*).

ayant une stipule,
la stipule solitaire.

Subulata,	Subulée, en forme d'alêne,
erecta.	presque perpendiculaire, (*La stipule forme le bourgeon, & se trouve aux insertions.*)
F. Folia. f. 1. 15. 16, 17.	F. Les feuilles. f. 1. 15, 16, 17.
Alterna,	Alternes,
elliptica,	elliptiques,
obtuse serrata, marginibus inter dentes recurvatis.	à dents de scie, terminées par un segment de cercle, les pointes entre les dents recourbées.
apice marginata, (f. 15. c.	échancrées à la pointe. (f. 15. c.) (*h*)
*basi integerrima. (f. 16. 17. * lente aucta.*	toutes entieres à la base, sans aucune découpure. (f. 16. 17.)* un peu grossies,
glabra,	la surface lisse,
nitida,	lustrées,
bullata,	bouillonnées, (*i*)
subtus venosa.	parsemées en-dessous des vaisseaux branchus, où l'on apperçoit un nombre d'anastomoses.
consistentia,	d'une contexture ferme & solide.

Petiolata, — Dont les pétioles ne font qu'un corps avec la base.

Petiolis breviſſimis. f 1. 16. 17. b. — les petioles fort courts (f. 1. 16. 17. b)

ſubtùs teretibus, gibbis. f. 16. b. lente aucta. — les pétioles cylindriques en deſſous voûtées. f. 16. b. * un peu groſſis.

*ſuprà plano caniculatis. f. 17. b. * lente auctis.* — un peu plats en-deſſus, & légérement cannelés. f. 17. b. * un peu groſſis.

Nomina trivialia ; Thea bohea & viridis. — Noms triviaux ; le Thé-bout, & le Thé verd. (k)

Il n'y a qu'une eſpece de cet arbriſſeau. La différence du thé verd & du thé bout dépend de la nature du ſol, de la culture & de la maniere de ſécher les feuilles. On a même obſervé que l'arbriſſeau du Thé verd planté dans le pays où étoit le Thé-bout, produira le Thé-bout, & *vice verſâ.* (l).

SECTION II.

Les Synonimes.

NOMBRE d'Auteurs ont traité sur ce sujet ; plusieurs d'entr'eux n'avoient jamais vu le Thé, d'autres l'avoient vu. (*m*). Je parlerai d'abord de ceux qui sont cités dans le *Species Plantarum* de Linnæus. (*n*).

Le *Thea*, Jardin de Cliffort 204. mat. med. 264. Hill. Exot. t. 22.

Thée, Kempfer. Japon. 605., t. 606.

L'arbrisseau ou *frutex*, Barthol. act. 4. p. 1. t. 1. Bent. Javan. 87 jusqu'à 88.

Le Thé des Chinois. Breyn. cent. 111. t. 112. figure 17. t. 3. Bocc. Musæum 114. t. 94.

Chaa, Pinax de Bauhin 147.

Evonymo affinis arbor orientalis nucifera, flore roseo ; arbre qui porte des fruits en forme de noix, qui

reſſemble au fuſain à fleurs en roſe.
Pluk. Alm. 139. t. 88. f. 6.

Dans les Mémoires de l'Académie de Copenhague, (Académie
fondée en 1479 par Christian I.)
nous trouvons la premiere figure de
cet arbriſſeau ; mais comme elle a
été deſſinée d'après une plante deſſéchée, elle ne nous donne qu'une
foible lumiere. *Bontius* en a publié
une autre, & quoiqu'elle ait été deſſinée dans l'Inde, où il pouvoit avoir
vu la plante, elle n'a pas beaucoup
d'avantage ſur la premiere. La figure donnée par Plukenet eſt ſupérieure ; & d'après lui, *Breynius* en a
publié une encore meilleure ; mais
Kempfer (*o*) en a donné & la figure
la plus exacte, & la deſcription la
plus vraie. Cependant cette figure
eſt ſi imparfaite, qu'on peut douter
ſi elle n'a pas été deſſinée d'après
une plante imparfaite deſſéchée, ou
quelqu'autre plante mutilée, qui auroit paſſé par les doigts de quelque
Chinois ruſé. (*p*).

SECTION III.

Liste des Auteurs qui ont écrit sur le Thé.

INDÉPENDAMMENT des Auteurs cités ci-dessus, plusieurs autres ont donné quelques détails de cet arbrisseau toujours verd : nous ferons ici mention des principaux, afin que le lecteur, curieux d'une instruction plus détaillée, puisse y avoir recours. (q).

Johann Petr. Maffeus rerum indicarum, libro VI. p. 108 ; & lib. XII. p. 242. Ludov. Almcyd. in eodem opere libro IV. selectarum Epistolarum.

Petr. Jarric. tom. II. lib. II. cap. XVII.

Matth. Ric. de Christian. Exped. apud sinas, lib. I, cap. VII.

Alois Froif. in Relatione Japonica.

Nicol. Trigant de Regno Chinæ. cap. III. p. 34.

Histoire de la Navigation, de J. Hugues

Hugues de Linſcot , Hollandois aux
Indes Orientales.

Linſcot de Inſulâ Japonicâ , cap.
XXVI. pag. 35.

Bernhard. Varen , in deſcriptione
regni Japonicæ , cap. XXIII. p. 161.

Jean Bauhin , Hiſt. Univerſ. Plantarum 1597. t. III. lib. XXVII. cap.
1. p. 5.

Alex. Rhod. *Sommaire de divers
voyages & miſſions Apoſtoliques du
R. P. Alexandre de Rhodes , de la
Compagnie de Jéſus à la Chine , &
autres Royaumes de l'Orient , avec
ſon retour de la Chine à Rome , depuis l'année 1618 , juſqu'à l'année
1753 , p. 25.*

Lettres curieuſes & édifiantes.

Nicol. Tulpii , Obſervat. Médic.
l. IV. cap. LX. p. 380. Leidæ , 1641.
*in-*8°.

Adam Olearii , *Perſianiſche Reiſe-
Beſchreibung* , l. V. c. XVII. p. 559.
in-folio , 1656. Hambourg , 1696.
Amſtel. 1666 , *in-*4°.

Joan. Albert Van - Mandelſo ,
Morgenlandiſche Reiſe - Beſchreibung.

Olaï Wormii Muſ. lib. II. cap. XIV. pag. 165.

Dioniſii Jonquet , ſtirpium aliquot paulò obſcurius officinis , Arabibus , aliisque denominatarum per Caſparum Bauhinum explicatio , p. 25. 1659.

Simon Pauli , Comm. de Abuſu. Tabaci , & herbæ Thée. Strasbourg , 1665. Lond. 1746.

Simon Pauli , quadripartitum Botanicum , claſſ. ſecundâ. p. 211. ibidemque claſſ. tertiâ. p. 493.

Wilhelm. Leyd. Epiſtol. apud Simon Pauli , in Comment. de abuſu tabaci , &c. p. 15.

Joannes Nieuzofs *Gezantſchap an den Keiſer van* China , p. 122.

Eraſmi Franciſſ. *Oſt und Weſt indiſcher wie auch ſine fiſcher luſt und Stats garden.* p. 291.

Oliv. Dappers *Beſchryving des Keyzerryts Van-Taiſing oſ ſina* Amſt. 1680 , pag. 226.

Athnaſ. Kircher China illuſtrata , Ed. 1658.

Pechlin Theophilus bibaculus, Francfort 1684.

(27)

Voyage du Pere le Comte dans l'Empire de la Chine, à Londres, 1697, *in* 8°. p. 228.

Traité du Caffé, du Thé & du Chocolat, par Chamberlain, Lond. 1685.

Histoire Naturelle de Thomas Pope Blount, *in-*8°. Lond 1693.

Transactions Philosophiques, v. III. n°. 14. Lond. 1712.

Kempfer, Amænit. Exot. *in-*4°. 1712. p. 618.

Histoire du Japon par Scheuchzer, Lond. 2 vol. *in-folio.*

Nouveau Voyage aux Isles de l'A-mérique, par le Pere Labat. Paris. 1721.

Comte, Dissertation sur la nature & la propriété du Thé, *in-*4°. Lond. 1730.

Mason, sur les propriétés du Thé.

Anciennes Relations de l'Inde & de la Chine, par deux voyageurs Mahométans. Lond. 1732.

Le spectacle de la nature, par l'Abbé Pluche.

Description générale, historique, chronologique, politique & physi-

que de la Chine , par le P. du Halde.
4 vol.

Casp. Neumann. *Vom Thée, Coffée, Bier und Wein.* Leipsick 1735.

Encyclopédie par Chambers. t. 2.

Collection des Voyages, d'Astley. Lond. 4 v. *in-4°.*

Concorde de la Géographie , à Paris, 1754.

Les bons & les mauvais effets du Thé. Lond. *in-8°.* 1758.

Linnæi Amœnit. Acad. vol. VII, p. 241.

Voyage d'Osbeck à la Chine, par Forster. Lond. 2 v. *in-8°.*

Lettres d'un jeune Fermier. 1 v. p. 299.

Les maladies des gens de lettres & des personnes sédentaires , par Tissot.

Dictionnaire d'Histoire Naturelle par M. Valmont de Bomare , *in-8°.* Paris.

Dictionnaire de Botanique , par Milne, *in-8°.* Londres 1770.

L'Encyclopédie Françoise.

SECTION IV.

De l'origine du Thé.

COMME la Chine & le Japon (*r*) sont les seuls pays où l'arbrisseau du Thé soit cultivé, nous pouvons raisonnablement en conclure, qu'il est indigene à l'un de ces pays, s'il ne l'est à tous les deux. Nous ignorons quel fut le premier motif qui engagea les Naturels de ces Contrées à se servir du Thé infusé ; mais il est vraisemblable que leur premiere intention fut de corriger l'eau, qu'on dit être saumache & de mauvais goût dans plusieurs endroits de ces climats. (*s*). Le Docteur Kalm nous donne une preuve authentique des bons effets du Thé en pareilles circonstances dans son voyage du nord de l'Amérique. Le Thé, dit-il, a différens dégrés d'estime chez les différentes Nations, & je pense que nous nous porterions aussi bien, & que nos bourses en seroient beaucoup mieux, si nous n'avions ni Thé ni Caffé. Cependant je dois être impartial, & je ne puis me difpenfer de dire, à la louange du Thé, que s'il eſt utile, il doit l'être certainement pendant l'été; dans des voyages comme le mien, à travers un pays défert, où on ne peut porter ni vin, ni autres liqueurs, & où en général l'eau n'eſt point potable, en ce qu'elle eſt infectée d'infectes. En pareil cas, elle eſt fort agréable, quand elle a bouillie, & qu'on la boit avec une infufion de Thé; je ne puis affez vanter le goût délicat qu'elle acquiert, étant ainſi préparée : elle ranime, au-delà de toute expreffion, un voyageur épuifé, je l'ai éprouvé moi-même, ainſi que nombre de perfonnes qui ont parcouru les forêts défertes de l'Amérique. Dans des voyages auffi fatiguans, le Thé eſt auffi néceffaire que les vivres (t).

La Compagnie Hollandoife des Indes Orientales introduifit la premiere le Thé en Europe au commencement du dernier fiécle, & le Lord Arlington, le Lord Offory en emporterent de Hollande une quantité confidérable vers 1666 (*u*). Bientôt il fut adopté par les gens d'un rang diftingué, & depuis cette époque, fon ufage eft devenu par dégrés univerfel.

Il eft certain en effet qu'avant ce temps l'ufage du Thé, même dans les Caffés publics, étoit affez répandu; car en 1660 on avoit impofé (*x*) un droit de huit deniers par gallon (*) de cette liqueur faite & vendue dans tous les Caffés.

Dès 1679, Cornelius Bontekoe, Médecin Hollandois, publia un Traité dans fa langue fur le Thé, le Caffé & le Chocolat. Il s'y annonce comme un zélé Protecteur du Thé, il ne penfe pas qu'il puiffe faire aucun tort à l'eftomac, quand on en prendroit à l'excès, même jufqu'à cent ou deux cents taffes par jour. L'intérêt politique influoit-il fur l'affertion du Docteur ? Mais comme il étoit premier Médecin de l'Elec-

---

(*) Gallon, mefure d'Angleterre qui fait environ quatre pintes, mefure de Paris.

B 4

teur de Brandebourg , & que vraisemblablement il jouiffoit d'une
confidération diftinguée ; les éloges
qu'il lui prodiguoit ne pouvoient
qu'en accréditer l'ufage. Quoiqu'il
en foit, nous trouvons que fon im-
portation & fa confommation font
accrues journellement , & qu'avant
la fin du dernier fiecle, il a été généralement adopté , même par le
peuple en Angleterre.

Quoique cette difcuffion foit étrangere à mon fujet , ce feroit peut-
être procurer aux fpéculatifs un plai-
fir de quelque importance, que de
détailler la confommation , du moment de fa premiere entrée à la
Douane , jufqu'aux énormes impor-
tations qui fe font actuellement. On
m'a dit que la confommation intérieure montoit annuellement au
moins à trois millions de livres pé-
fant (y) , & que la Compagnie des
Indes Orientales en a généralement
dans fes magafins une provifion pour
trois ans.

Comme les Hollandois entrete-
noient un commerce confidérable

(33)

au Japon, à l'époque où le Thé a
été introduit en Europe, il eſt probable que ce ſont eux les premiers
qui ont établi cette branche de commerce ; mais maintenant la Chine
eſt le marché général, & la Province
de Fokien (χ) eſt le principal pays qui
fournit l'Empire & l'Europe de cette
denrée.

SECTION V.

Culture & terrein qui lui ſont propres.

Nous ſommes principalement
redevables à Kempfer des détails
certains qu'il nous a donnés ſur la
méthode de la culture de cet arbriſſeau, il l'a puiſée dans le pays même,
au Japon : nous rapporterons ce qu'il
dit à ce ſujet, & enſuite nous expo-
ſerons les détails que nous avons
pu raſſembler de la méthode Chi-
noiſe.

Kempfer nous dit que cette plante
n'exige aucun jardin ni aucuns terreins particuliers, & qu'elle eſt cul-

B 5

tivée fur les lizieres des campagnes fans aucun égard au fol. Ses femen- ces font renfermées dans une cap- fule, communément au nombre de fix, mais elles n'excédent point ce- lui de 12 ou 15 : on en plante pêle- mêle plufieurs dans un trou à quatre ou cinq pouces de profondeur, à une certaine diftance les unes des au- tres. Ces femences contiennent une grande quantité d'huile, qui bientôt devient rance. A peine en germe- t-il une cinquieme partie, inconvé- nient qui néceffite à en planter plu- fieurs enfemble.

Dans l'efpace d'environ fept ans, cet arbriffeau étoit à la hauteur d'un homme ; mais comme dans cet état il ne porte que peu de feuilles, & qu'il croît lentement, on le rabat ; cette opération donne naiffance à un fi grand nombre de nouvelles feuil- les & de rejettons l'été fuivant, que les propriétaires font abondamment dédommagés de ce facrifice ; quel- ques-uns différent à les rabattre, jufqu'à ce qu'ils foient parvenus à la dixieme année:

D'après les connoissances qu'on peut tirer des Auteurs & des Voyageurs les plus estimés, on cultive & on prépare cet arbrisseau en Chine de la même maniere qu'on le pratique au Japon ; mais comme les Chinois exportent une quantité considérable de Thé, ils en plantent des champs entiers, tant pour fournir les marchers étrangers, que pour leur propre consommation.

Cet arbrisseau se plaît particulierement dans les vallées, sur les collines, & sur les bords des rivieres, où il jouit de l'exposition du soleil du midi, quoiqu'il supporte des variations considérables de chaud & de froid, puisqu'il fleurit au Nord de Pekin (*), aussi bien qu'à Canton (a); il paroît par les Observations météologiques, que l'intensité du froid à Pékin, est aussi grande dans l'hyver, que dans quelques-unes des parties septentrionales de l'Europe (b).

(*) Pékin est presque à la même latitude que Rome; Pékin est par les 39°. 34′ de latitude, & Rome par les 41°. 54′.

B 6

SECTION VI.

Maniere & tems de cueillir les feuilles.

Lors de la saison propre à la cueillette des feuilles du Thé, on loue des ouvriers, qui, accoutumés à ce travail, qui leur fournit les moyens de subsister, sont très-habiles & très-prompts à remplir cette tâche. Ils ne les arrachent pas par poignée, mais une à une en observant de grandes précautions. Quelque minutieux que ce travail puisse paroître, ils en ramassent depuis quatre jusqu'à dix ou quinze livres par jour. Kempfer détaille les différentes époques où on cueille ordinairement ces feuilles ; (c) la premiere commence au milieu de la nouvelle lune qui précede l'équinoxe du printemps, qui est le premier mois de l'année Japonoise, & qui tombe vers la fin de notre mois de Février, ou le commencement de Mars. Les feuilles ramas-

fées dans ce tems sont appellées
Ficki Tsjaa , ou Thé en poudre ,
parce qu'on les pulvérise , & qu'on
les met tremper dans l'eau chaude ;
ces feuilles jeunes & tendres n'ont
que quelques jours de pousse quand
on les cueille , & en égard à leur
rareté & à leur prix , elles sont ré-
servées pour les Princes & les gens
riches ; cette espece est appellée Thé
impérial.

On appelle aussi un Thé de même
nature Udsi Tsjaa , & Tacke Sacki ,
des lieux particuliers où il croît. Les
soins particuliers , & les attentions
scrupuleuses qu'on observe pour
cueillir les feuilles du Thé dans ces
lieux , méritent bien qu'on en fasse
mention.

Udsi est une petite ville du Japon
sur le bord de la mer , & qui n'est
pas fort éloignée de Meaco. (*) Dans
le district de cette petite ville se voit
une montagne agréable qui porte le
même nom ; elle passe pour jouir
du terrein & du climat le plus favorable à la culture du Thé , aussi
est-elle enfermée de hayes , & envi-

ronnée d'un fossé fort large pour la plus grande sûreté. Ces arbrisseaux forment sur cette montagne un plant régulier, espacé par des allées; il y a des personnes préposées pour veiller sur ce lieu, & garantir les feuilles de la poussiere, & de toute injure de l'air. Les ouvriers qui doivent en cueillir les feuilles, quelques semaines avant que de commencer cette besogne s'abstiennent de toute espece de nourriture grossiere, & de tout ce qui pourroit porter aux feuilles le plus leger dommage; ils les cueillent avec l'attention la plus exacte, & avec des gants fins (d). On prépare ensuite cette espece de Thé impérial ou de fleur de Thé, & il est escorté par le Surintendant des tavaux de cette montagne avec une forte garde & un nombreux cortége, jusqu'à la cour de l'Empereur, pour l'usage de la famille Impériale. (e).

La seconde cueillette se fait dans le second mois des Japonois, vers la fin de Mars ou le commencement d'Avril. Quelques-unes des feuilles

à cette époque ont atteint leur per-
fection , d'autres ne font pas encore
arrivées à leur entiere croiffance ;
mais cependant on les cueille toutes
indifféremment , & après on les trie
& affortit dans différentes claffes
fuivant leur âge , leurs proportions,
& leur bonté : on fépare avec un
foin particulier les plus jeunes , &
on les vend fouvent pour la premiere
cueillette ou pour le Thé Impérial.
Le Thé cueilli dans ce tems s'appelle Tootsjaa ou Thé Chinois , parce qu'on en fait une infufion , &
qu'on le prend à la maniere Chinoife. (Section IX. I.) Il eft parragé
par les Négociants & les Marchands
de Thé en quatre fortes , qu'ils
diftinguent par autant de dénominations.

La troifieme & derniere cueillette
fe fait au troifieme mois des Japonois , lequel tombe aux environs de
notre mois de Juin , lorfque les
feuilles font fort touffues , & qu'elles
font parvenues à leur entiere croiffance. Cette forte de Thé , appellée
Ban-Tajaa eft la plus groffiere , &

eſt réſervée pour le peuple. (Section IX. III.)

Quelques-uns ſe renferment dans deux cueillettes par an ; la premiere & la ſeconde correſpondent à la ſeconde & à la troiſieme, dont nous avons parlé. D'autres n'ont qu'une cueillette générale (f) qu'ils font auſſi dans le même tems que ſe fait la troiſieme & derniere dont il a été queſtion ; cependant ils forment différens aſſortimens de ces feuilles.

Nous avons obſervé (Section V) que cet arbriſſeau étoit fréquemment ſur les revers des montagnes, & ſur des lieux eſcarpés, où il eſt communément dangereux, & quelquefois impraticable, de cueillir les feuilles qui ſont ſouvent le Thé le plus précieux. Les Chinois, en quelques endroits, emploient un moyen ſingulier pour ſurmonter ces difficultés. Les endroits eſcarpés ſont habités par une grande eſpece de Singes ; ils agacent, ils irritent ces animaux ; pour ſe venger, ces Singes briſent les branches : on raſſemble ces branches, & on en cueille les feuilles. Quelques peintures Chinoiſes qui repréſentent les procédés de cueillir & de préparer le Thé , ſemblent donner une idée de cette méthode ingénieuſe de parvenir à le cueillir dans les lieux ſi difficiles à aborder ; & depuis, j'ai appris d'un Capitaine fort curieux & homme de mérite , qui a été long-temps au ſervice de la Compagnie , & qui a voyagé ſouvent à la Chine , que cette manœuvre eſt un fait avéré.

Les Chinois cueillent le Thé dans une certaine ſaiſon ; mais nous ne ſommes pas bien informés ſi c'eſt dans le même rems qu'au Japon (*g*) ; mais il eſt probable que la moiſſon du Thé ſe rapporte aux mêmes époques , en ce que ces peuples ont entr'eux une fréquente correſpondance , & qu'ils ont un commerce conſidérable ouvert les uns avec les autres (*h*).

SECTION VII.

Méthode de préparer le Thé.

Il y a des bâtimens publics, des cabarets à Thé pour le préparer, toute personne qui n'a pas les commodités convenables, ou qui manque de l'intelligence nécessaire à cette opération, peut y porter les feuilles à mesure qu'elles sechent. Ces bâtimens contiennent depuis cinq jusqu'à dix ou vingt petits fourneaux hauts d'environ trois pieds; chacun d'eux porte une platine de fer large & plate (*i*) ronde ou quarrée, attachée sur le côté qui est au-dessus de la bouche du fourneau, ce qui garantit tout à la fois l'ouvrier de la chaleur du fourneau, & empêche les feuilles de tomber. Des ouvriers assis autour d'une table longue & basse couverte de nattes sur lesquelles on met les feuilles, sont occupés à les rouler. La platine de fer

étant échauffée jufqu'à un certain dégré par un petit feu allumé dans le
fourneau qui eft deffous, on met
fur cette platine quelques livres de
feuilles nouvellement cueillies; ces
feuilles fraîches & pleines de féve,
pétillent quand elles touchent la platine, & c'eft l'affaire de l'ouvrier de
les remuer avec toute la vivacité
poffible, & avec les mains nues,
jufqu'à ce qu'elles deviennent fi chau-
des, qu'il ne puiffe pas aifément en
fupporter la chaleur; alors il enleve
les feuilles avec une forte de pelle
qui reffemble à un éventail, & les
verfe fur des nattes. Ceux deftinés
à les mêler en prennent une petite
quantité à la fois, les roulent dans
leurs mains & dans une même direc-
tion, tandis que d'autres les éven-
tent continuellement, afin qu'elles
puiffent fe réfroidir le plutôt poffible, & conferver leur frifure plus
longtems.

Ce procédé eft répété deux ou
trois fois, ou plus fouvent, avant
qu'on mette le Thé dans les magafins, afin de faire difparoître toute

l'humidité des feuilles, & qu'elles puissent conserver plus parfaitement leur frisure. A chaque répétition, on chauffe moins la platine, & cette opération s'exécute plus lentement & avec précaution (*k*) ; alors le Thé est trié & déposé dans le magasin pour l'usage domestique ou l'exportation.

Comme les feuilles du Thé Ficki (Section VI & IX. 11.) doivent être ordinairement réduites en poudre, avant qu'on en fasse usage, elles doivent être rôties à un plus grand dégré de sécheresse. Quelques-unes de ces feuilles étant cueillies fort jeunes, tendres & petites, on les plonge d'abord dans l'eau chaude, on les en ôte sur le champ, & on les fait sécher sans les rouler.

Les gens de la campagne n'y font pas tant de façon, ils préparent leurs feuilles dans des vases de terre ; cette opération toute simple répond à toutes les autres indications, leur occasionne moins d'embarras, moins de dépense, & leur facilite le moyen de vendre à meilleur marché.

Enfin pour compléter la préparation, après que le Thé a été gardé
quelques mois, on le tire des vases
où on l'avoit renfermé, & on le
feche une seconde fois sous un feu
doux, afin qu'il soit dépouillé de
toute l'humidité qui pourroit s'y
trouver encore, ou qu'il auroit pu
contracter depuis la premiere opération.

Le Thé commun est conservé dans
des pots de terre dont l'ouverture
est étroite ; mais la meilleure sorte
de Thé, celui dont font usage l'Empereur & les Grands de l'Empire,
est renfermé dans des vases de por-
celaine ou de la Chine. Le Bantsjaa,
ou le Thé le plus grossier est mis par
les gens de la campagne dans des
corbeilles de paille, faites en forme
de barrils, qu'ils placent sous le toît
de leur maison, près de l'ouverture
par où la fumée s'échappe, & s'i-
maginent que le Thé n'en souffre
aucun dommage.

Tel est le précis du détail que
nous devons à Kempfer de la métho-

de qu'emploient les Japonois pour cueillir & préparer leur Thé.

Dans les Relations de la Chine, les Auteurs ont parlé fort légérement & de sa culture & de sa préparation. Le pere le Comte dans ses nouveaux Mémoires sur l'état présent de la Chine, observe bien que, pour avoir de bon Thé , on doit cueillir les feuilles encore petites, tendres & pleines de séve; communément ils commencent à les cueillir en Mars ou en Avril , suivant que la saison est avancée ; ensuite ils les exposent à la vapeur de l'eau bouillante , pour les amollir , & dès qu'elles ont subi cette préparation, ils les étendent sur des plaques de cuivre mises sur le feu (n) qui les séche par dégrés , jusqu'à ce qu'elles brunissent & qu'elles se roulent d'elles mêmes de la maniere que nous les voyons.

Cependant il est certain , d'après les papiers Chinois , qui représentent une peinture fidelle , quoique grossiérement exécutée, de tous les procédés successifs qu'ils emploient,

que l'arbrisseau du Thé croît en grande partie dans les pays montagneux,
sur les sommités des rochers, & sur
des revers escarpés, inaccessibles en
plusieurs endroits, & il sembleroit,
à en juger par les peines que se donnent les Chinois à former des sen-
tiers, à établir une sorte d'échafauds,
& à appeller à leur secours la ven-
geance des Singes, que ces lieux
ont le privilege de fournir le Thé
le plus précieux. Il paroît par ces
peintures que cet arbre ne s'éleve
gueres qu'à la hauteur de l'homme.
Les ouvriers qui cueillent les feuilles
ne sont jamais représentés qu'à terre ;
à la vérité ils font usage de bâtons
crochus, mais ces bâtons semblent
plutôt destinés à attirer les branches
à eux, quand ces arbrisseaux sont
suspendus au-dessus des rivieres, des
ruisseaux, ou au-dessus de lieux
inaccessibles, que de faire plier jusqu'à terre les têtes ou les branches
supérieures de ces arbrisseaux.

Dès que les feuilles sont cueillies,
ils les trient, en forment divers
assortimens, & ils les préparent pres-

que de la même maniere que les
Japonois le pratiquent. Ils bâtissent
des poëles semblables à celles qu'on
voit dans les laboratoires de chymie,
ou dans les grandes cuisines, où les
hommes travaillent & roulent les
feuilles sur les platines mêmes ; il
semble aussi qu'ils les font sécher
deux fois ; ils les séchent aussi au
soleil après les avoir étendues dans
des vaisseaux qui ont peu de fonds ;
il les vannent, séparent les grandes
feuilles des plus petites, & les net-
toient de toute la poussiere qui pourroit y être répandue.

Les Chinois mettent les plus
belles sortes de Thé dans des vaisseaux coniques, semblables à des
pains de sucre, faits de tutenaque,
d'étain ou de plomb, revêtus de fines
nattes de Bambou, ou dans des boëtes de bois, quarrées & recouvertes
de plomb laminé, de feuilles séches
& de papier ; c'est de cette maniere
qu'il est exporté dans les pays étrangers. Le Thé commun est mis dans
des pots dont on le retire, pour l'em-
paqueter dans des boëtes, ou dans

des

des caisses, aussitôt qu'il est vendu aux Européens (*o*).

On ne doit pas oublier une circonstance qui leur fait gloire. Lorsque la moisson du Thé est finie, chaque famille ne manque pas d'en témoigner sa reconnoissance à l'Etre bienfaisant, de qui ils tiennent cette précieuse récolte.

SECTION VIII.

Différentes especes de Thé.

ON a déjà observé (Section VI.) que lors de la cueillette des feuilles, on les trie, & on en compose différens assortimens, & que les soins qu'on apporte à la préparation les multiplient ; par ce moyen on peut en augmenter considérablement les variétés (*p*). Parmi nous ces distinctions sont beaucoup limitées ; en général nous ne connoissons que trois principales sortes de Thé-verd, & cinq de Thé-bout.

C.

I. *Les Thés de la premiere sorte.*

I. L'Impérial ou fleur de Thé avec des feuilles larges, déliées, d'un verd gai, d'une odeur foible, délicate.

II. Hy-Tiann, ou Hi-Kiong, que nous connoissons par le nom de Thé-Hyson, ainsi appellé d'un Marchand des Indes Orientales, lequel est le premier qui l'ait apporté en Europe. Ses feuilles sont étroitement roulées & petites, d'une couleur verte, tirant sur le bleu (*q*).

III. Le Thé Singlo ou Sanglo, qui reçoit son nom, comme plusieurs autres Thés, du lieu où il est cultivé.

II. *Les Thés-bout.*

I. Soochuen, ou Sutchoug, que les Chinois appellent Saatyang, ou Su-Tyann. Il donne une infusion de couleur verd-jaunâtre (*r*).

II. Camho, ou Soumlo, ainsi appellé du nom du lieu où il est cueilli. C'est un Thé qui a un grand parfum,

& une odeur de violette. Son infufion eft pâle..

Conge ou Bong So. Il a une feuille
plus large que le fuivant, & l'infufion en eft d'une couleur plus foncée ; il reffemble au Thé-bout par
la couleur de la feuille (s).

IV. Pecko ou Pekoe, appellé par
les Chinois Back-Ho, ou Pack-Ho ;
on le connoît aux petites fleurs blanches qu'on y a mêlées.

V. Le Bout commun appellé Moji
par les Chinois, a les feuilles d'une
feule couleur (t).

*III. On a auffi importé une forte de
Thé d'une forme différente des pré-
cédens, faite en gâteaux, ou en
boules de diverfes groffeurs.*

I. Le plus gros gâteau que j'aye
vu, pefe environ deux onces. Ce Thé
reffemble par l'infufion & par le goût
au bon Thé-bout.

II. Une autre forte, qui eft une
efpece de Thé-verd, eft appellée
Tio-té ; il eft roulé & rond, & reffemble affez à des pois.

III La plus petite espece, ainsi fabriquée, est appellée Thé-poudre à canon.

Les Chinois préparent un extrait de Thé, qu'ils débitent comme une médecine dissoute dans une grande quantité d'eau & lui attribuent plusieurs effets merveilleux dans les fièvres & autres maladies, quand ils veulent procurer une transpiration abondante. Ils fabriquent quelquefois cet extrait en petits gâteaux, qui ne sont pas plus grands qu'une piéce de six sols, ou en rouleaux d'une grandeur considérable.

On a déjà dit (Section I.) qu'il n'y a qu'une seule espece de cet arbrisseau, qui fournit toutes les variétés de Thé. Kœmpfer, qui est de cette opinion, attribue les différences du Thé au sol, à la culture de cette plante, à l'âge des feuilles, quand elles sont cueillies, & à leur préparation (*u*). Ces circonstances peuvent avoir plus ou moins d'influences particulieres, quoiqu'on puisse douter qu'elles rendent compte de toutes les variétés qu'on observe dans le Thé.

J'ai fait infuser toutes les especes de Thé-verd & de Thé-bout, que j'ai pu me procurer ; j'ai étendu ces différentes feuilles sur du papier, pour comparer leur grandeur, leur forme, leur contexture, & pour tâcher de déterminer leur âge. J'ai trouvé que les feuilles du Thé verd étoient aussi larges que celles du Thé-bout, & presque aussi fibreuses : ces observations me feroient soupçonner que la différence ne dépend pas tant de l'âge que d'autres circonstances.

Nous sçavons qu'en Europe, le sol, la culture & l'exposition ont une grande influence sur toutes les especes de végétaux. La différence est souvent frappante dans la même province, & même dans le même canton ; mais au Japon, & particuliérement dans le continent de la Chine, ces circonstances doivent être encore plus remarquables, puisques dans quelque endroits l'air y est très-froid, dans d'autres il est modéré & même chaud excessivement. Je suis persuadé que les procédés de la manipulation doivent y entrer pour beaucoup. J'ai féché les feuilles de quelques plantes d'Europe, de la maniere décrite (Section VI.) elles reffembloient fi fort au Thé étranger, qu'on a vu & qu'on a bu fans aucune efpece de foupçon, l'infufion faite avec ces mêmes feuilles. Dans ces préparations que j'avois faites , les feuilles ont confervé une frifure parfaite & un beau verd femblable au meilleur Thé - verd , & d'autres préparées dans le même tems reffembloient plus au Thé-bout (x).

Cependant je ne voudrois pas trop m'attacher aux réfultats de quelques expériences , ni interdire des recherches ultérieures fur un fujet qui peut dans la fuite des tems devenir un objet d'un intérêt plus immédiat pour l'Angleterre.

Nous pouvons toujours effayer de découvrir fi on n'employe pas quelque artifice fur le Thé , avant fon exportation en Europe , à l'effet de produire cette différence de couleur & de parfum , particuliers à quelques efpeces (y). Un de mes amis, homme de mérite , m'informe que dans une suite de papiers Chinois qu'il a en sa possession , & qui représentent tous les procédés de la préparation du Thé , on voit dans une de ces feuilles les figures de plusieurs personnes occupées vraisemblablement à trier les différentes sortes de Thés , à les sécher au soleil , & environnées de plusieurs vaisseaux remplis d'une subtance fort blanche , & en grande quantité. On ne sait quel est l'usage auquel on l'applique, ni quelle est cette subtance. Néanmoins il pense qu'il n'y a point lieu de douter , qu'on ne l'emploie dans la fabrication du Thé , d'autant que les Chinois ne représentent gueres dans leurs papiers que les choses qui sont relatives aux objets qui les frappent ou les occupent.

Quelques personnes soupçonnant que le Thé a été préparé sur une platine de cuivre, ont attribué son beau verd aux parties métailiques qui s'en détachent (Sèction VII ;) mais si cette supposition a quelque fondement, l'alkali volatil mêlé avec l'infusion du Thé, décéleroit la plus légere portion de cuivre, en rendant l'infusion bleuâtre (*a*).

D'autres, avec moins de vraisemblance, ont attribué le verd du Thé à la couperose verte ; mais cet ingrédient (*b*), ce vitriol factice, qui n'est qu'un sel de Mars, teindroit sur le champ les feuilles en noir, & l'infusion du Thé seroit d'une couleur pourpre foncée (*c*).

N'est-il pas plus probable qu'ils emploient, pour lui donner cette couleur, quelque teinture verte extraite de quelque substance végétale.

SECTION IX.

Usage du Thé.

LES Chinois ni les Japonois ne font jamais usage de Thé, qu'il n'ait été auparavant conservé au moins un an, parce qu'ils prétendent que lorsqu'il est encore nouvellement cueilli, il est narcotique, & trouble les sens.

(*d*). Les premiers verſent de l'eau chaude ſur le Thé, & en tirent l'inſuſion comme on le pratique en Europe ; mais ils le boivent tel qu'il eſt, & ſans y ajouter ni ſucre ni miel. (*e*).

Les Japonois réduiſent le Thé en pouſſiere fine, en en broyant les feuilles dans un petit moulin : cette poudre eſt mêlée avec l'eau chaude en conſiſtance d'une bouillie claire, qu'ils hument à pluſieurs repriſes ; c'eſt celui particulierement dont font uſage les Grands & les gens riches. Il eſt fait & ſervi de la maniere ſuivante. On étale devant la compagnie les uſtenſiles de la table à Thé, & la boëte dans laquelle eſt renfermé ce Thé en poudre ; on remplit les taſſes d'eau chaude, on tire de la boëte autant de poudre qu'il en pourroit tenir ſur la pointe d'un petit couteau, on la jette dans chaque taſſe, & on la mêle & remue avec un inſtrument à dents artiſtement fait, juſqu'à ce que la liqueur écume, alors on la préſente à la compagnie, qui la hume à diverſes

reprifes , tandis qu'elle eft chaude
(*g*). Suivant le pere du Halde , cette
méthode n'eft pas particuliere aux
Japonois , mais elle eft auffi d'ufage
dans quelques provinces de la Chine (*h*).

Les gens du peuple , qui fe fer-
vent d'un Thé plus groffier , (Section VI. 111.) le font bouillir quelque tems dans l'eau , & font ufage
de cette liqueur pour leur boiffon
ordinaire. Dès le matin , on remplit un chaudron d'eau , on le met
fur le feu , & on jette dans le chaudron du Thé mis dans un fachet , ou
bien ils ajuftent une corbeille pro-
portionnée au chaudron , qu'on a
foin d'affujettir au fond du vaiffeau,
afin qu'on puiffe puifer l'eau fans
aucun embarras. Le Bantsjaa (Section VI.) eft le feul qu'on employe
de cette maniere , parce qu'une fim-
ple infufion n'en pourroit pas dé-
tacher fes principes fixes & les particules réfineufes.

Le Thé eft la boiffon ordinaire
de tous les gens de travail en Chine.
On ne les voit gueres repréfentés oc-

cupés à quelque travail que ce soit,
qu'on ne leur apporte la theyere &
les tasses, ou qu'on ne les voye placées à terre à côté d'eux. Les mois-
sonneurs, les batteurs en grange,
& tous ceux qui travaillent dans les
maisons ou au dehors, ne sont jamais sans cette compagnie (i).

SECTION X.

Plantes qui remplacent le Thé.

LA curiosité & l'intérêt doivent
engager de concert les Européens à
faire les recherches les plus exactes
pour découvrir le vrai arbrisseau du
Thé, ou une plante qui puisse le
remplacer dans quelqu'autre végétal
qui y approche le plus. Simon Pauli,
Médecin & Botaniste à Copenhague a été le premier qui a prétendu avoir découvert la plante du vrai
Thé en Europe. En ouvrant quelques feuilles de Thé, il les a trouvées tellement ressemblantes à celles

C 6

du myrthe Hollandois (*k*), (Hort. Sec. 907.) qu'il a soutenu avec opiniâtreté qu'elles étoient les productions de la même espece, quoiqu'il ait été réfuté depuis par plusieurs Botanistes en Europe, & par des échantillons qui lui ont été envoyés des Indes Orientales, ainsi qu'au Docteur Mentzel de Berlin, par le Docteur Cleyer (*l*).

Le pere Labat a ensuite pensé qu'il avoit découvert la plante du vrai Thé à la Martinique (*m*), ressemblant, dit-il, dans ses rapports à celui de la Chine. Il prétend aussi avoir procuré des semences du Thé des Indes Orientales, & avoir fait lever cette plante en Amérique. Mais il paroît, d'après ce qu'il en dit, que c'est une espece de *Lysimachia*, ou ce qu'on appelle Thé des Indes Occidentales (*n*).

Il a été question de plusieurs autres découvertes sur l'arbrisseau du Thé Oriental, on en a reconnu l'erreur quand on les a eu examinées de près. Le genre de plante appellé par Kœmpfer Tsubakki (*o*) porte le ca-

ractere de la plus grande reſſemblan-
ce. On s'eſt ſervi pluſieurs fois des
feuilles de pluſieurs plantes d'Europe à la place du Thé, eu égard à
quelque rapport dans la figure des
feuilles, ou dans le goût & le parfum. Parmi ces plantes, on a vanté
particulierement deux ou trois eſpe-
ces de véronique, ſans parler des
feuilles de ſauge, de myrthe (*q*),
de bétoine, d'aigremoine, d'églan-
tier & de pluſieurs autres. Quelle
que puiſſe être la vertu de ces plantes, il eſt certain à préſent que depuis le ſceptre juſqu'à la houlette,
tout le monde convient de donner
au vrai Thé aſiatique, la préférence
ſur toutes les autres plantes qu'on
voudroit lui ſubſtituer. (*Je ne ſuis pas
cependant, Monſieur, de cet avis.*)

SECTION XI.

De la maniere de conserver les semences.

ON a fait plusieurs tentatives pour introduire l'arbrisseau du Thé en Europe, mais elles n'ont point réussi, eu égard au mauvais état des semences, quand on les a obtenues, ou faute de précautions pour les conserver assez longtems dans leur état de végétation. Si ces succès infructueux doivent leur origine à la premiere cause, les moyens ultérieurs qu'on pourroit employer seroient en pure perte ; c'est pourquoi il est absolument nécessaire de s'en procurer de fraîches, de bien conditionnées, mûres, blanches, bien nournies, & entretenues par une humidité intérieure.

Nous devons à deux méthodes de conserver les semences, la possession

de quelques jeunes plants de l'arbrisseau du vrai Thé de la Chine,
en enveloppant les semences de cire,
après qu'elles ont été bien séchées
au Soleil. La seconde est de les laif-
fer dans leurs capsules & de les en-
fermer dans une boëte bien close
d'étain ou de tutenague (*f*) ; mais
aucune de ces méthodes n'a pas généralement reussi, malgré les soins
les plus scrupuleux qu'on a pris, soit
pour obtenir des semences fraîches,
soit pour les conserver. La meilleure
méthode est de semer les graines
mûres dans une bonne terre légere,
au moment qu'on fait voile de Canton, & de les couvrir de fil d'ar-
chal pour les garantir des rats, &
autres animaux qui peuvent les atta-
quer. Les caisses ne doivent pas être
exposées trop à l'air, ni à cette rosée
qui s'éleve de la mer, si cela est possible. La terre de ces caisses ne doit
être ni dure ni seche, mais légere-
ment arrosée de tems en tems avec
de l'eau fraîche ou de l'eau de pluie,
& quand les germes commencent à

pointer, on doit les entretenir dans
une légere humidité, & les abriter du
foleil. La plupart de ces arbriffeaux,
que nous poffédons actuellement en
Angleterre nous font parvenus par ce
moyen ; & quoique plufieurs de ces
jeunes plantes naiffantes aient péri,
cependant la derniere méthode que
nous venons de prefcrire eft celle
qui probablement doit être fuivie du
plus grand fuccès, pour le tranfport des plantes les plus curieufes de
la Chine, dont ce peuple poffede
un tréfor étonnant, fi on en con-
fidere l'ufage, la beauté & la rareté (1).

Les jeunes plantes de Thé qu'on
cultive dans les jardins autour de
Londres, fe comportent admirable-
ment bien dans les orangeries pendant l'hyver, & quelques-uns paffent bien en plein air dans l'été.
Plufieurs portent des feuilles longues depuis un jufqu'à trois pouces,
d'un beau verd foncé ; les jeunes
pouffes en font fucculentes. Ainfi il
eft vraifemblable que dans peu d'an-

nées on pourra le multiplier par les marcottes, & nous enrichir de plufieurs plants de cet arbriffeau précieux.

Il eft à propos de remarquer ici que plufieurs plantes exotiques, ainfi que le corps humain, exigent un certain laps de tems, avant qu'elles puiffent fe naturalifer & fe faire à un changement de climat. Plufieurs plantes qui, lors de leur premiere apparition, ne fupportoient pas nos hyvers fans être abritées, & fans le fecours des ferres, fupportent actuellement nos froids les plus rigoureux. Le beau Magnolia (*Magnolia grandiflora*) entre plufieurs autres, eft une preuve de cette obfervation. (Notre climat de Paris n'eft pas fi heureux que celui d'Angleterre ; il eft certain phyfiquement, comme nous l'avons déjà obfervé, que les bords de la mer font moins fufceptibles des froids rigoureux de notre climat. Un atmofphere toujours chargé des évaporations de la mer, entretient une humidité conftante & favorable à la végétation. L'intermittence du chaud & du froid que nous éprouvons à notre premier printems, n'occasionnent que trop souvent des ravages déplorables. Ainsi il faut dans notre climat de Paris, employer pour la conservation de plusieurs arbres exotiques, plus de précaution qu'on n'en employe aux environs de Londres, & même aux environs de nos bords de la mer.) Nous avons déja prévenu que l'intensité du froid à Pékin excede souvent le nôtre, ainsi nous avons lieu d'espérer que le Thé peut être en état dans quelques années de supporter notre climat, & devenir avec le tems fort & vigoureux, comme s'il étoit indigene en Angleterre. (S'il étoit prouvé, mande M. de Janssen à M. Trochereau, que le Thé vient en pleine terre dans la Province de Pekin, où il gêle, quoiqu'à huit ou neuf dégrés plus au Sud que Paris, il est très-certain que cette plante transportée aux Isles d'Hieres & dans le Roussillon, pourroit se multiplier sans abri. Je placerai le mien,

ajoute-t-il , suivant les avis de Sordon
contre un mur au levant proche la maison, avec un *Hypericum lasianthus ,* un
Olæa ou *ligustrum laurifolio ,* un *Magnolia,* un houx de Dahm, ou de la Ca-
roline ; il me sera aisé de les couvrir
quand il gêlera avec des paillassons
& des feuilles au pied. Il pourra être
un jour un article d'exportation dans
l'Angleterre (*u*) , ainsi que la pom-
me de terre , dont nous sommes redevables à l'Amérique ou à l'Espagne. (*x*).

Il est probable que les Etés du
Nord de l'Amérique , à la même latitude que Pékin , conviendront
mieux à cet arbrisseau que les nôtres ; car à la Chine & dans quelques
parties de l'Amérique Septentrionale , la chaleur dans l'été est telle ,
que les plantes font des pousses plus
hâtives & plus vives , & ont le tems
de s'arrêter avant l'hyver ; mais en
Angleterre les pousses font plus len-
tes & plus tardives , & l'hyver ve-
nant bientôt après , elles périf-
fent souvent , même à un dégré

de froid moins rude qu'à Pékin, ou
dans les latitudes plus froides du
Nord de l'Amérique

Fin de la premiere partie.

HISTOIRE MÉDICALE
DU THÉ.

SECONDE PARTIE.

SECTION PREMIERE.

L'usage de boire du Thé est devenu presque universel ; ainsi tout homme peut être regardé comme juge compétent de ses effets, au moins relativement à sa santé ; mais comme les tempéramens des hommes varient en raison des individus, l'infusion de cette liqueur doit produire différens effets : véritable source d'un si grand nombre d'opinions à ce sujet.

Ceux qui ont formé une fois un préjugé contre le Thé, laiſſent prendre à cette prévention un trop fort aſcendant ſur leur jugement, & condamnent cet uſage comme étant univerſellement pernicieux. Ceux qui ſe jettent dans l'autre extrêmité voudroient que leur expérience particuliere eût l'extenſion d'une loi générale, & attribuent à cette infuſion les vertus les plus illimitées. Cette contrariété d'opinions a particulierement partagé les Médecins (*y*): ce qui arrivera toujours toutes les fois que les préjugés & les ſuppoſitions prendront la place des expériences & de faits rapportés avec impartialité.

SECTION II.

CEPENDANT quelques Médecins évitent de tomber dans ces deux extrêmes. Sans louer le Thé, ni le décrier en général, ils en admettent l'uſage,

quoiqu'ils connoiſſent bien les inconvéniens qui peuvent en réſulter.
Fixer & déterminer les bornes du
bien & du mal dans l'eſpece préſente eſt l'ouvrage d'un eſprit éclairé
& dépouillé de toute prévention.
Nombre d'hommes d'âge, de conſ-
titution, de tempéramens différens
en font uſage avec confiance pendant le cours d'une longue vie, ſans
s'appercevoir d'aucuns mauvais effets ; d'autres au contraire en éprouvent pluſieurs inconvéniens.

Il eſt difficile de tirer des conſé-
quences certaines des expériences
faites ſur cette herbe. Les parties qui ſemblent produire ces effets oppoſés nous échappent ; l'ana-
liſe ne nous en décele que les parties les plus groſſieres ; j'ai fait les
expériences ſuivantes avec l'attention la plus ſuivie, mais j'ai vu
qu'elles ne nous apprennent pas ſuf-
fiſamment en quoi conſiſte cette propriété agréable, relâchante & ſédative, qui eſt, pour un ſi grand nombre, douée d'une vertu qui les rani-

me , ni pourquoi quelques-uns en éprouvent plusieurs effets désagréables. L'observation doit nous servir de flambeau dans cette recherche difficile , bien plus que la simple expérience.

Expérience I.

J'ai pris quantité égale d'une infusion d'excellent Thé-verd & de Thé-bout commun également forte, une même quantité de la liqueur qui me restoit après la distillation (Section III. 1.) & d'eau simple, dans chacune desquelles contenues dans des vaisseaux séparés , j'ai mis deux drachmes de viande de bœuf, qui avoit été tué depuis environ deux jours.

Le bœuf qui avoit été plongé dans l'eau simple, devint putride en quarante-huit heures ; mais les portions qui avoient été mises dans les deux infusions de Thé , & dans le résidu de la distillation, n'annoncerent aucun signe de putréfaction, qu'environ 72 heures après (x).

Expérience

Expérience II.

Dans ces fortes infusions de toutes les especes de Thé-verd & de Thé-bout que j'ai pu me procurer, j'ai mis égale quantité de sel de mars, qui sur le champ, a teint ces infusions d'une couleur pourpre foncé (*a*).

Il est évident par ces expériences, que le Thé-verd & le Thé bout possédent une vertu anti-sceptique (Expér. I.) & astringente (Expér. II.) lorsqu'ils sont appliqués à la fibre d'un animal mort.

SECTION III.

CEPENDANT, comme j'ai souvent observé que l'usage du Thé, particulierement du beau Thé-verd, dont le parfum est le plus volatil, produisoit un relâchement remarquable sur plusieurs personnes d'un tempérament foible & délicat, je me

D

fuis déterminé à pouffer plus loin mes recherches.

1°. J'ai diftillé une demi-livre du meilleur Thé-verd , & qui avoit le plus de parfum , avec de l'eau fim-ple , & j'en ai tiré une once d'une eau très-odorante & très-claire, dé-pouillée d'huile ; & qui , après l'effai, (Section II.) n'a donné aucun figne de qualité aftringente.

2°. Le réfidu de la liqueur , après la diftillation , a été évaporé jufqu'à la confiftance d'extrait ; il étoit légé-rement odorant , mais avoit un goût fort amer , ftyptique ou aftringent. La quantité de l'extrait pefé a donné environ cinq onces & demie.

Expérience III.

a. On a injecté dans la cavité de l'abdomen & dans le tiffu cellulai-re d'une grenouille , environ deux drachmes de l'eau odorante diftillée.

En vingt minutes, la patte de der-riere de la grenouille parut fort affec-tée , furvint bientôt après une perte totale de mouvement & de fenfibilité (*b*). L'affection du membre continua pendant quatorze heures , & l'engourdissement universel dura environ neuf heures ; après quoi l'animal recouvra par dégrés sa premiere vigueur.

b. On injecta de même une partie du résidu du Thé-verd , (n° 1.) mais il ne produisit aucun effet sensible.

Expérience IV.

a. J'ai injecté quelques gouttes de l'eau distillée odorante (n°. 1. & Expér. III. *a*.) sur les nerfs schiatiques mis à nû, j'ai de même injecté la cavité de l'abdomen d'une grenouille; dans l'espace d'une demi-heure , les extrémités devinrent paralytiques & insensibles , & environ une heure après , la grenouille mourut.

b. J'appliquai de même le résidu de la distillation (n°. 1 & Exp. III.) à une autre grenouille , & il n'en résulta aucun effet sédatif, ni paralysie sensible.

c. L'extrait (n°. 2.) dissout dans l'eau , & appliqué aux même parties avec les mêmes circonstances, n'eut point de suites remarquables.

3. On peut conjecturer de ces Expériences que les parties rélâchantes ou sédatives du Thé, dépendent beaucoup de ses principes volatils, odorans, qui abondent surtout dans le Thé-verd, dont le parfum est plus exalté (*c*).

La pratique des Chinois ajoute une nouvelle autorité à ces expériences ; ils ne font point usage de cette plante, qu'elle n'ait été gardée au moins douze mois, ayant remarqué qu'elle posséde une vertu narcotique & vénéneuse. (P. 1. S. IX).

Il y a des arbres dont l'ombre est chargée de molécules si dangereuses, qu'on ne peut s'étendre sur le gazon, au pied de ces arbres, sans éprouver de violentes douleurs de tête. Sur la cime élevée de l'Hélicon, on voit un arbre dont la fleur tue l'homme par la malignité de son odeur (*d*).

SECTION IV.

QUELQU'INCERTAINES que puissent être les tentatives faites pour déterminer avec précision les effets du Thé d'après ces seules expériences, observons & tâchons de rassembler des faits qui puissent nous mettre en état de juger des effets qu'il produit sur la constitution humaine, & d'en tirer les conséquences les plus claires sur les dégrés de salubrité, ou sur les dangers qui peuvent en résulter.

Le long & constant usage du Thé, comme faisant partie de notre régime, nous fait négliger de rechercher, s'il possede quelques propriétés médicales. Nous tâcherons de le considérer sous ces rapports.

Le plus grand nombre des personnes qui jouissent d'une bonne santé ne se trouvent point sensiblement affectées par l'usage du Thé : elles le regardent comme un restaurant

D 3

agréable, qui les rend propres au travail, rétablit leurs forces épuisées. Il y a des exemples de gens qui en ont bu depuis l'enfance jusqu'à la vieillesse, qui ont toujours mené une vie active, sans supporter de grands travaux, qui ne se sont jamais apperçu que son constant usage leur fût nuisible, & qui n'ont jamais ressenti aucune incommodité, qu'ils pussent imputer aux effets de cette liqueur.

En pareille circonstance, ces personnes, de l'un & de l'autre sexe, pour la plûpart se portoient bien, étoient agissantes & d'une constitution tempérée. Quelques-uns d'une complexion moins robuste, se plaignent cependant d'incommodités, que les partisans mêmes du Thé attribuent à cette plante; ils se plaignent qu'après avoir bu du Thé à déjeûner, il se sentent agités, que leur main est moins ferme pour écrire, ou pour tout exercice qui exige de la précision dans les mouvements. Cette incommodité se dissipe bientôt, ils n'en ressentent point d'autres effets ; il s'en trouve qui n'en font point incommodés le matin, mais s'ils en boivent après le dîner, ils éprouvent des agitations & une forte de tremblement involontaire.

Plufieurs ne peuvent pas même en fupporter une feule taffe, fans tomber malades fur le champ, & fans épouver un dérangement d'eftomac. Il occafionne à quelques-uns des douleurs d'eftomac aiguës & cruelles, fuivies d'un tremblement univerfel ; mais en général les tempéramens délicats font plus affectés du fréquent ufage du Thé, ils font très fouvent attaqués de douleurs d'eftomac & d'entrailles, d'affections fpafmodiques, accompagnées d'une grande effufion d'urine pâle & limpide, d'une vive agitation des efprits animaux, & d'une difpofition à être inquiétés & déconcertés par le moindre bruit, & par le plus léger accident.

SECTION V.

CEPENDANT, une des circonſtances particulieres , rend plus difficiles les recherches de certains effets du Thé , je veux dire , l'opiniâtreté de pluſieurs perſonnes à ne vouloir pas nous donner un détail fidele des ſenſations déſagréables auxquelles elles ſe trouvent expoſées après un trop grand uſage du Thé , quoiqu'elles ſe rendent bien témoignage à elles-mêmes , qu'il y auroit une extrême imprudence à en continuer l'uſage, après que l'expérience les a convaincu qu'il leur eſt nuiſible.

On ne peut pas douter qu'il ne produiſe l'inſomnie dans quelques tempéramens , lorſqu'on en boit le ſoir en trop grande quantité ; il n'eſt pas bien certain que l'eau chaude , ou quelque autre liqueur aqueuſe , n'opére la même indiſpoſition.

Il eſt bien avéré que le Thé vivi-fie , rafraîchit , inſpire de la gaieté.

Tous ces heureux effets sembleroient prouver que le Thé renferme un principe actif, pénétrant, qui communique aux nerfs une vive commotion, qui même occasionne des sensations très-désagréables, & des affections spasmodiques aux tempéramens susceptibles d'irritation. Dans les tempéramens moins susceptibles d'irritation, il répand dans l'ame une sensation douce & agréable, mais qui semble entraîner après elle une disposition à des tremblemens, & à des agitations pénibles & inquiétantes.

Plus le Thé est parfait, plus ses effets sont sensibles. C'est peut-être pour cela, indépendamment d'autres raisons qu'on pourroit alléguer, que la plus basse classe du peuple, qui ne peut acquérir que le plus commun, est moins exposé en général à ces indispositions. Je dis en général, parce que, même dans cette classe, il y en a plusieurs à qui il est réellement fort nuisible. Ces sortes de gens le boivent tant qu'il donne quelque teinture & le plus souvent très-

chaud , dans l'intention de lui donner plus de parfum ; la qualité & le
dégré de chaleur les exposent aux
mêmes accidents qu'éprouvent les
gens d'un rang supérieur en buvant
du Thé de la meilleure qualité.

On ne doit pas cependant oublier
d'observer que dans un grand nombre de cas , les infusions de nos plantes indigenes , telles que les men-
thes , le baume , le romarin , & même
la valeriane , donnent souvent naif-
sance à des résultats similaires , &
laiffent après elles cet anéantiffe-
ment , cette agitation des efprits
animaux , ces flatuofités , ces anxiétés fpafmodiques , & autres symp-
tomes auxquels font fujets le peuple , & la plûpart des perfonnes dé-
vouées à l'ufage du Thé.

SECTION VI.

Le Thé de la premiere qualité produit des effets qui lui font particuliers , & qui ne fe rencontrent point

dans toutes les autres substances que nous connoissons. Cette vérité est avouée par tous ceux qui ont observé ce qui se passe en eux, & certifiée par le compte que d'autres rendent de leur situation après avoir bû de cette liqueur abondamment. Les meilleurs especes de The-bout ne sont pas exemptes d'influences semblables, elles attaquent les nerfs, occasionnent des tremblemens, des palpitations, des agitations pour les causes les plus indifférentes, comme une porte fermée avec trop de vivacité, comme l'entrée subite & imprévue d'un domestique, & autres légeres circonstances.

Je connois des personnes des deux sexes, qui sont constamment saisies de malaise, de grandes anxiétés & d'oppressions, toutes les fois qu'elles prennent une seule tasse de Thé, & qui, néanmoins, pour ne pas fausser compagnie, boivent plusieurs tasses d'eau chaude, mêlée avec du sucre & du lait, sans éprouver la plus légere incommodité.

Un Médecin qui m'honore de

puis longtems de son amitié , & qui a assisté aux expériences que j'ai décrites , & qui ont été faites au Collége d'Edimbourg , reçoit une impression de la plus petite quantité de Thé dont il fait usage. S'il en boit avant dîner , cette liqueur affecte son estomac d'une sensation désagréable pendant quelques heures , & lui ôte l'appétit à dîner, & quand il prend du chocolat à déjeûner, il dîne parfaitement & avec appétit , & jouit de la meilleure santé. S'il boit une seule tasse de Thé après dîner , il éprouve les mêmes accidents , & est privé du sommeil pendant deux ou trois heures la nuit suivante ; mais est-il en société, il peut prendre une tasse d'eau chaude avec du sucre & du miel, sans en être incommodé le moins du monde.

Je remarquerai que l'opium opere sur lui presque le même effet que le Thé , mais à un plus grand dégré ; car il m'apprend que quand, par hazard , il a pris certaine quantité de solution d'opium , elle ne lui procure aucune disposition au sommeil,

mais excite dans l'eſtomac des anxiétés , un mal-aiſe qui reſſemblent
beaucoup à des nauſées.

SECTION VII.

J'AI appris même d'un Médecin
eſtimé dans Londres , par ſes lumieres & par un long exercice dans
ſon Art , qu'il a vu pluſieurs exemples de crachements de ſang , ſeu-
lement pour avoir reſpiré un air chargé des parties volatiles du Thé. Ceux
qui en font un grand commerce ont
coutume de mêlanger différentes ſortes de Thé , pour flatter le goût des
acheteurs ; cette opération ſe fait ordinairement dans leur arriere-bouti-
que , où ils mêlent peut-être pluſieurs caiſſes enſemble , & en même-
tems. Ceux qui ſont employés à ce
travail , en ſont fort ſouvent incommodés à la longue ; les uns ſont ſubitement attaqués de crachements
de ſang ou de ſaignements de nez ;
d'autres ſont tourmentés de toux

violentes, qui finiſſent par la conſomption.

Je ne rapporte ces détails que dans la vue de prouver, qu'indépendamment d'une qualité relâchante & ſédative, il exiſte dans le Thé une ſubſtance active, pénétrante, qui ne peut qu'opérer ſur pluſieurs tempéramens des effets ſinguliers.

Un fameux Marchand de Thé, après avoir examiné en un jour plus de cent caiſſes de Thé, par la ſimple action de les porter au nez, & cela néceſſairement pour en diſtinguer les qualités reſpectives, fut ſaiſi le lendemain de violents vertiges, de maux de tête, d'un ſpaſme univerſel, de la perte de ſa parole & de la mémoire. Des remedes prompts & efficaces, lui rendirent la ſanté juſqu'à un certain dégré, mais il ne fut pas guéri totalement; la parole, la mémoire lui revinrent en partie, mais il ne recouvra jamais les premieres forces; ſa ſanté devint chancellante, & il perdit ſes forces par dégrés. Il fut attaqué d'une hémiplegie, qui devint univerſelle, &

enfin il mourut épuisé, & ayant perdu toute espece de sensibilité. On
peut peut-être douter que ces tris-
tes accidents soient l'ouvrage du Thé.
Les exemples que nous allons rapporter pourront servir à confirmer
la justesse de nos soupçons, ou bien
à les détruire.

SECTION VIII.

Un Associé d'un Marchand de Thé
se plaignoit fréquemment depuis
quelques semaines de vertiges & de
maux de tête, après avoir examiné &
mêlangé différentes sortes de Thé ;
les vertiges étoient quelquefois si
considérables, qu'il fut nécessaire de
lui donner quelqu'un pour le suivre,
afin de prévenir le mal qu'il pourroit se faire, soit par une chûte,
ou par quelqu'autre accident : on lui
fit des saignées du bras fort abon-
dantes, mais sans qu'il en résultât
aucun soulagement constant ; ses
douleurs recommençoient lorsqu'il

retournoit à fes occupations ordinai-
res ; enfin on lui confeilla de fe
faire électrifer ; les fecouffes furent
dirigées vers la tête ; le lendemain
il fe trouva foulagé, mais le jour d'a-
près fe termina par une trifte cataf-
trophe. Je le vis quelques heures
avant fa mort, il avoit perdu tout
fentiment & l'ufage de prefque tous
fes membres, & il tomba tout-à-
coup en apoplexie. Il n'eft pas bien
certain fi les émanations du Thé,
ou de l'électricité furent la caufe
de ce fatal événement confidéré fous
l'un & l'autre point de vue, ce cas
mérite beaucoup d'attention (e.)

Un jeune homme d'un tempérament délicat avoit effayé plufieurs
excellents remedes, pour un affoibliffement d'efprit dont il étoit attaqué, & qui l'avoit jetté dans un état
mélancolique, ce qui rendoit fa fi-
tuation dangereufe & inquiétante
pour lui & pour ceux qui l'environ-
noïent. Je trouvois qu'il faifoit un
très-grand ufage du Thé ; je lui pref-
crivis un autre régime ; il s'y foumit,
& dans la fuite, il recouvra infen-

fiblement fa fanté ordinaire. Quelques femaines après, il reçut un préfent de Thé excellent, il bût pendant deux jours une quantité confidérable de cette infufion ; les premiers accidents reparurent , abattemens, mélancolie . perte de mémoire , tremblemens , agitations, inquiétudes, ébranlement des nerfs ; je le vis une feconde fois, & j'attribuai fon état au Thé qu'il avoit bu. Depuis cette époque , il s'eft interdit cette liqueur , & jouit actuellement de fa premiere fanté.

Voici d'autres exemples : j'ai vu des perfonnes délicates fe plaindre pendant plufieurs années d'abattemens & d'autres douleurs qui font la fuite de l'affoibliffement & de l'irritation. Quoique d'habiles Médecins leur euffent ordonné des remedes, les malades n'ont été foulagés , que lorfqu'ils fe font privés de l'infufion de cette plante exotique & aromatique.

SECTION IX.

JE ne voudrois paſſer ni pour Avocat partial , ni pour Accuſateur paſſionné ; j'ai vu ſouvent avec chagrin que le Thé comportât avec ſoi des qualités pernicieuſes ; car un homme né ſenſible , & qui aime l'humanité , peut-il ſe refuſer au plaiſir de conſidérer combien de milliers de nos compatriotes , jouiſſent à la même heure de cette liqueur amuſante , en effet elle ſert de véhicule à d'agréables converſations , elle lie entre les deux ſexes des parties de plaiſir innocentes , elle tient lieu d'un régal agréable ſans le ſecours des liqueurs ſpiritueuſes. Mais la juſtice exige de nous quelque ſacrifice. Pluſieurs habiles Auteurs , l'opinion publique , l'expérience lui imputent la cauſe de pluſieurs grieves incommodités. Cette triſte famille de maladies , qui ſont compriſes ſous le nom de maladies des nerfs , lui doit

fon origine ; au moins font-elles con-
fidérablement aggravées par l'ufage
du Thé. Prétendre les nombrer, ce
feroit tranfcrire des volumes. Il n'eft
pas impoffible que ces charges ne
foient vraies en partie : examinons
cette circonftance avec toute la can-
deur poffible.

Les expériences dont nous fom-
mes environnés , nous apprennent
que les effets que produit l'abus d'une
liqueur aqueufe & chaude quelcon-
que, feroient d'entrer promptement
dans le cours de la circulation, de
paffer rapidement par la voie des
urines ou de la tranfpiration , ou par
quelques-unes des fecrétions ; fes
impreffions fur les folides feroient
de relâcher , & par conféquent d'affoiblir ; fi ce liquide chaud & aqueux
étoit en quantité confidérable , les
inconvéniens qui réfulteroient, feroient proportionnés & encore plus
confidérables , s'il tenoit lieu de toute
autre nourriture.

Je penfe qu'il n'eft pas déraifonna-
ble d'avancer que toutes les infufions
des plantes peuvent être envifagées

fous ce point de vue ; cependant l'infufion du Thé a deux vertus qui lui font
propres ; il contient non-feulement
une qualité fédative , (Section III,
Exemple III. IV.) mais encore une
grande vertu aftringente , (Section
II , Exemple II.) laquelle corrige en
quelque forte la vertu relâchante at-
tribuée à un liquide purement aqueux,
& ainfi peut-être eft il moins nui-
fible que nombre d'autres infufions
de plantes qui , indépendamment
de ce qu'elles n'ont qu'une légere
teinture de particules aromatiques,
participent fort peu de cette ftypti-
cité , qui prévient les foibleffes & le
relâchement.

Ainfi fi le Thé n'eft pas de la premiere qualité , s'il n'eft pas bu trop
chaud , ni en trop grande quantité,
il ne peut être préférable à toute autre infufion végétale ; & fi nous con-
fervons fon énergie , fa vertu vivi-
fiante , on conviendra que le Thé
ne doit notre amour & notre atta-
chement ni à fon haut prix , ni à
l'empire de la mode , mais à la fupé-
riorité que lui donnent fur les autres
végétaux , & fon goût & fes effets.

SECTION X.

Il seroit très à propos dans le cours de nos recherches, d'examiner ses effets dans les pays où il a été d'un usage constant & universel. Nous connoissons peu actuellement le Japon ; nous avons des nouvelles plus fraîches de la Chine : elles nous apprennent que toutes les classes de cette nation boivent du Thé, ou plus parfait ou plus grossier & en grande quantité ; qu'en général la principale nourriture du peuple est le riz, & qu'il ne connoît pour toute boisson que le Thé. Les gens aisés boivent du Thé, mais ils se nourrissent de mets succulents, & vivent dans l'abondance.

Nous connoissons peu leurs maladies, encore moins l'influence que le Thé peut avoir à cet égard. Ils ne se font jamais saigner, pour quelque raison que ce soit.

Le feu Docteur Atnot de Canton,

perfonnage qui honoroit fa profef-
fion & fa Patrie, & qui jouiffoit de
la plus haute confidération chez les
Chinois, eft le premier qui ait pu
déterminer quelques Chinois à fe
faire faigner (f) quelles que puiffent
être leurs maladies ; j'en infere que
les maladies inflammatoires n'étoient
pas extrêmement communes chez
eux ; autrement une nation qui eft
auffi attachée à la vie, auroit pris le
parti, déterminé par quelque motif
que ce fût, d'adopter un remede,
qui eft prefque le feul en pareil cas.
Nous pouvons donc en conclure
que les maladies inflammatoires font
moins fréquentes à la Chine, que
dans quelques autres pays, que probablement ils doivent cet avantage à
l'ufage conftant & immodéré du
Thé. Si nous jettons un coup d'œil
fur les maladies décrites avec tant
d'exactitude il y a cent ans, &
que nous les comparions avec ce
que nous obfervons à - préfent,
nous y trouverons peut-être des rai-
fons qui favoriferont notre propo-
fition. Si nous confidérons la fré-

quence des dispositions inflammatoires du tems de Sydenham , qui a
été un juge si éclairé de ces maladies, & qui les a décrites avec tant
de fidélité ; je pense qu'elles étoient
alors plus communes qu'elles ne le
sont actuellement ; au moins j'ai appris par quelques Médecins habiles
& bons observateurs, qui sont pour
la plûpart d'accord entre eux sur cet
article , que les vraies maladies inflammatoires sont beaucoup plus ra-
res à-présent , qu'elles ne l'étoient
du tems que Sydenham écrivoit. Il
est vrai que cette disposition , en ad-
mettant le fait , peut venir de différentes causes , indépendamment
de plusieurs autres qu'on pourroit
alléguer ; il est probable que le Thé
y peut contribuer.

SECTION XI.

Avant que le Thé fut en usage ,
le déjeûner de ce pays étoit composé
de substances plus nourrissantes ,

telles que le lait préparé de différentes façons, l'ail & la bierre, du rôti,
des mets froids & autres supplé-
ments; ces mets, les vins d'Espagne,
& les vins les plus excellents étoient
à la mode parmi les personnes du
plus haut rang ; & il est constant
qu'un tel régime, l'exercice qu'ils
prenoient habituellement, donnoient
au sang & aux fluides une consistance
bien différente que celle que peuvent fournir le Thé, un peu de lait
ou de crême, du pain & du beurre.

Ce n'est pas seulement le déjeûner auquel on puisse attribuer le
changement essentiel, & si notable
qu'on observe dans le systême animal,
mais encore le repas de l'après-dîner
y entre encore pour beaucoup : on
présente le Thé une seconde fois à
la compagnie : on en boit & souvent
immodérément. Avant l'introduc-
tion de cette plante étrangere, il
étoit d'usage de traiter ses conviés
d'une maniere fort différente : on
servoit des gelées, des tartes, des
confitures ; que dis-je ? des viandes
froides, du vin, du cidre, de la
bierre

bierre forte , & même des liqueurs
spiritueuses sous le nom de cordiaux ,
& on en faisoit peut-être un excès
blâmable & fort dangereux pour la
santé.

Ce genre de repas entretenoit une
disposition inflammatoire qui étoit
le résultat de la vigueur , & d'une
plénitude d'un sang riche , & qui
fomentoit les maladies qui tirent leur
source de causes semblables. Comme le régime de nos ancêtres étoit
plus substantiel , que leurs exercices
étoient plus violents , & que leurs
maladies occasionnées par un sang
riche , étoient plus communes qu'on
ne l'observe à-présent , il semble
qu'on peut raisonnablement supposer que ces produits d'abattement ,
de foiblesse , dont nous avons parlé
ci-dessus , peuvent en grande partie
être imputés à l'usage du Thé : nulle
cause ne paroît être ni plus univer-
selle , ni plus probable.

(J'ai soumis , dit le Traducteur ,
l'examen de cette partie médicale à
deux Médecins de St. Germain très-
estimés par leurs lumieres , ils m'ont

E

conseillé de conserver au sang l'ex-
pression de riche, à laquelle ils pen-
sent qu'on ne peut y substituer un
terme plus énergique, ni plus ana-
logue.)

SECTION XII.

Ces propositions une fois admi-
ses, nous aideront à déterminer
quand & à qui l'usage du Thé est
salutaire, & à qui il peut être réputé
nuisible; il peut être d'une utilité
plus décidée à ceux par exemple qui
ont une disposition naturelle à faire
un sang riche & inflammatoire, eu
égard à leur exercice, à leur régime, soit au climat ou à toutes ces
choses combinées, en ce qu'il relâ-
che la tension, & la trop grande roi-
deur des solides, & qu'il délaye la
partie de la lymphe, susceptible de
coagulation, ainsi que l'appelle avec
beaucoup de justesse un Auteur ingénieux & très-estimable (*g*).

Il y a des idiosyncrases, des tempéramens particuliers qui opposent

des exceptions aux loix générales. On voit par exemple des hommes qui jouissent d'une santé forte, constante, vigoureuse & inaltérable, chez qui quelques tasses de Thé donnent lieu à ces agitations qu'éprouvent les femmes hystériques ; mais cet accident n'est pas général. Communément ces sortes de personnes supportent bien le Thé ; il les rafraîchit, il les dispose à endurer la fatigue, comme s'ils avoient pris la nourriture la plus substantieuse après un exercice long & violent ; le Thé a la vertu exclusive de rétablir les forces épuisées, il est incontestablement salubre aux personnes ainsi constituées, & il égale en propriétés, s'il n'est même pas préférable, toutes les autres especes de liqueurs agréables qui sont actuellement en usage.

Mais si nous considérons ce qu'on peut raisonnablement supposer qui arrive à ceux qui sont d'un tempérament tout-à-fait opposé ; c'est-à-dire, aux personnes délicates, foibles, dont les solides sont débilités,

E 2

dont le sang est atténué & aqueux, l'appétit est perdu ou dépravé, qui ne font aucun exercice, ou qui n'en font qu'improprement dit ; en un mot, à ceux dont la constitution n'est nullement disposée à l'inflammation, l'usage fréquent & immodéré de cette infusion, ainsi que des autres assaisonnemens qui l'accompagnent, doit inévitablement contribuer à anéantir les restes languissants de la chaleur vitale presque éteinte.

Entre ces deux extrêmes se trouvent plusieurs gradations, & toutes choses d'ailleurs égales, le Thé en général sera plus ou moins utile ou dangereux aux individus, à mesure que leurs constitutions se rapprochent plus de ces contrastes : entrer dans le détail de toutes ces particularités demanderoit une expérience & une capacité supérieure à mes forces. Qu'il suffise de dire, qu'à moins qu'il soit pris comme remede, ou après une grande fatigue, la quantité en est vraiment utile, qu'on ne doit jamais le prendre trop chaud, &, comme on l'a déjà dit ci-dessus,

que le plus excellent Thé, le Thé-
verd fpécialement, doit être plus
fufpecté que le commun, ou les efpeces mêlangées.

SECTION XIII.

LEs expériences & les obfervations
dont nous venons de rendre compte, prouvent évidemment que le Thé
poffede des principes odorants & volatils, qui tendent en général à relâcher & à affoiblir le tempérament
des perfonnes délicates, particuliérement quand on le boit chaud, fans
modération ; j'ai connu plufieurs perfonnes ainfi conftituées, qui, inter-
rogeant leur fanté, s'étoient privées
de cette infufion à la mode, & qui
s'en étoient très-bien trouvées ; (fection VIII.) d'autres qui, malgré
qu'elles euffent obfervé que leur fanté étoit altérée, en la facrifiant à leur
goût pour cette liqueur, en ont con-
tinué cependant l'ufage, parce qu'el-

F 3

les n'avoient pas de quoi la suppléer, spécialement pour leur déjeûner.

Mais si ces personnes ne peuvent pas se passer de cette liqueur favorite, elles peuvent certainement la prendre avec moins de danger, en faisant bouillir le Thé pendant quelques minutes, afin d'en faire évaporer les principes volatils, (Sections III & IV.) qui sont les plus nuisibles, & en extraire les particules ameres, astringentes, & les plus stomachiques, (Sections II & III.) au lieu de le préparer comme on le pratique ordinairement.

Un Médecin distingué de cette ville ayant plusieurs fois éprouvé ses effets pernicieux en le buvant suivant la méthode accoutumée, s'est déterminé, d'après la lecture d'une dissertation sur ce sujet, publiée depuis quelque tems à Leide (*h*). d'essayer l'infusion préparée d'une autre maniere. Il le fit infuser dans l'eau chaude, le transvasa quelques heures après, & le laissa reposer pendant la nuit ; il le fit réchauffer le matin pour son déjeûner. Il m'assura que par ce moyen il a pu prendre, sans aucun inconvénient, près du double de cette infusion, qui lorsqu'elle étoit préparée suivant l'usage reçu, lui avoit occasionné des attaques de nerfs très-funestes.

On obtient le même succès en substituant aux feuilles l'extrait de Thé ; (Sect. III 2.) je l'ai souvent essayé en le faisant dissoudre dans l'eau chaude; c'est pour moi un stomachique amer fort agréable. Comme dans ce procédé les particules odorantes du Thé sont évaporées, on se garantit en grande partie de ses effets, qui tendent à relâcher le systême nerveux, inconvénient auquel on s'expose en le buvant de la maniere ordinaire. Cet extrait nous a été importé de la Chine en Europe, en petits gâteaux ronds & applatis, & de couleur noire, & qui ne pesent gueres qu'un quart d'once chacun. Dix grains de ces petits gâteaux dissous dans une suffisante quantité d'eau peuvent suffire à une personne pour son déjeûner. On peut le préparer ici fans beaucoup de dépenfe , & fans embarras. (Section III. z.)

Une infufiou de fleurs de Camomille, *chamæmelum nobile, feu leucanthemum odoratius*. Bauhin. *Anthemis nobilis* , Lin. Sp. ou tout autre ftomachique amer pris après le Thé, prévient fouvent le relâchement, inconvénient attaché à cette plante exotique. Les infufions ameres font auffi beaucoup plus falubres quand on les boit froides.

Il eft à remarquer que dans toutes les formules & recettes que donne le Pere du Halde , *voyez* cet Auteur fur les qualités , effets & recettes du Thé, Vol. III. p. 477, 478 & 480 , pour adminiftrer le Thé comme un remede ftomachique parmi les Chinois , il eft ordonné de le faire bouillir quelque tems , & de le préparer de façon que fes particules odorantes & volatiles fe diffipent. Cette pratique , qui s'accorde avec les expériences faites ici, (Sections II & III.) peut probablement avoir tiré fon origine de la Chine, d'après une longue expérience, & des expériences répétées & constatées.

SECTION XIV.

IL paroîtra peut-être étrange à ce sujet de jetter un coup d'œil rapide sur les mœurs des Chinois, comme nous l'avons fait à l'égard de leurs maladies. Ceux qui connoissent plus parfaitement la nature humaine semblent attribuer même à la nourriture, au genre de vie, au climat, à l'éducation, certaines inclinations au vice & à la vertu, ainsi il sera de quelque utilité de rassembler ce que nous pourrons de lumieres, à cet égard, en considérant le caractere d'un peuple qui fait usage de l'infusion du Thé depuis plusieurs siécles.

On le dépeint en général comme un peuple d'une force de corps médiocre, incapable de grands travaux, plus foible en comparaison de quel-

ques autres nations ; les Chinois excellent dans des métiers & des manu-
factures qui exigent peu de force,
mais ils ne donnent aucune preuve
d'un génie élevé dans l'architecture
civile & militaire : on les représente
comme pusillanimes, incontinens,
rusés, dissimulés, pleins d'amour-
propre, (*i*) efféminés, vindicatifs,
& de mauvaise foi (*k*).

Il seroit injuste d'attribuer tous
ces vices à leur maniere de vivre ;
d'autres causes y influent sans doute, mais on peut conjecturer qu'un
genre de vie, qu'une sorte de régime qui tend à débiliter, contribue
d'une maniere insensible à entretenir, à nourrir les qualités qui dé-
cclent une ame foible. La force du
corps manque-t-elle, la ruse souvent
la remplace ; & si elle n'étoit pas
assujettie à d'autres principes, elle
donneroit l'essor à ses effets dans
toute son étendue, & en conséquence elle développeroit toute son énergie, si la foiblesse étoit naturelle à l'in-
dividu, ou si elle étoit le produit d'un
régime qui affoiblisse le corps ; pour

tout dire en un mot, le Phyſique eſt la meſure du moral. Il eſt très-certain que les femmes poſſédent au même dégré que les hommes la probité, la force, la généroſité ; mais on peut douter que cette aſſertion ſoit généralement vraie.

Il ne m'appartient pas de déterminer ſi le ſiecle préſent fournit autant d'exemples de vertus éminentes que le précédent, mais on convient généralement qu'il eſt terni par un vice au moins, & c'eſt peut-être un problême digne d'examen, de déterminer ſi l'uſage général du Thé n'en auroit pas favoriſé l'accroiſſement ; car tout ce qui tend à affoiblir ſemble, la plûpart du tems, accroître la ſenſibilité corporelle.

La même perſonne qui, en ſanté, n'eſt point effrayée au bruit du canon, ſi la maladie l'a plongée dans un état de langueur & de foibleſſe, n'entendra pas même ouvrir ſubitement une porte, ſans éprouver les mouvemens & les inquiétudes d'une vive agitation. Le déſir n'eſt pas toujours proportionné à la force corporelle, il peut être plus violent quand la force corporelle est presque nulle: on en voit beaucoup d'exemples, & c'est encore une nouvelle raison qui prouve que l'usage général du Thé ne doit pas être considéré comme une liqueur tout-à-fait indifférente.

SECTION XV.

EN résumant tout ce que nous venons de rapporter, il paroît très-probable qu'on doit interdire cette infusion aux enfans & aux jeunes personnes ; elle affoiblit leur estomac, altere la faculté digestive, & engendre plusieurs indispositions ; il est rare que nous rencontrions ailleurs les principes des maladies scrophuleuses aussi souvent que chez la postérité foible & languissante des habitans des villes, dont tout le déjeûner & le souper consistent, la plûpart du tems, en une foible boisson de Thé ordinaire avec l'assaisonnement d'usage : des familles plus éclairées se conduisent avec plus de discrétion. La connoissance de ses dangereux effets l'a décrédité parmi plusieurs d'entr'elles. Elle ne doit pas entrer dans le régime ordinaire des colléges & des pensions ; si on l'accorde quelquefois comme un régal, on doit en même-tems instruire les enfans que le constant usage de cette liqueur nuit à la santé, flétrit les forces & altere en général le tempérament.

SECTION XVI.

JUSQU'A - présent j'ai tâché de décrire les effets du Thé comme faisant partie de notre régime en médecine ; il a perdu parmi nous beaucoup de son crédit : on ne le recommande gueres comme une partie des choses qui doivent entrer dans la chambre d'un malade, à peine est-il même cité comme un bon diaphorétique ; dans les cas cependant où il est nécessaire de délayer, de relâcher, de faciliter les secrétions, il promet avoir au moins autant d'utilité que la plûpart des infusions; car, indépendamment de ses autres vertus, il semble qu'il contienne quelque qualité sédative dans ses principes, (Section III, Exp. IV.) assez approchante d'un opiat ; comme cette classe de remedes, il adoucit le mal-aise peut-être aussi efficacement que toute autre infusion purement aqueuse, & comme une petite dose d'opium, il facilite souvent le sommeil & augmente la circulation des esprits.

Lorsqu'il est nécessaire de prendre une forte dose de Thé, pour produire ou entretenir une évacuation, une transpiration abondante, on peut administrer très-efficacement & très à-propos une décoction de Thé, ou une forte infusion, particulierement dans les maladies inflammatoires, la vertu sédative du Thé, aidée de l'action délayante de l'eau chaude, provoque en général la transpiration, sans stimuler ni irriter le systême nerveux. Les Chinois

le plus communément le donnent en
décoction comme un remede , dans
une infinité de maladies ; mais fi
on fait infufer une grande quantité
de Thé choifi , qu'on tranfvafe l'infufion auffitôt , afin d'en obtenir les
particules les plus volatiles , & qu'on
la boive chaude , elle femblera mé-
riter la préférence , comme atténuan-
te & comme relâchante.

J'ai plus d'une fois donné de bon
Thé-verd en fubftance dans un véhicule délayant , & j'ai obfervé qu'il
eft réfulté prefque les mêmes effets
que fi on le prenoit en infufion.
Trente grains de cette forte de Thé
mis en poudre , pris trois ou quatre
fois à plufieurs heures d'intervalle ,
en général diftendent les folides ,
diminuent la chaleur , diffipent l'in-
fomnie , les inquiétudes & préparent
à la tranfpiration. Cette dofe qui
excite ordinairement une légere naufée , follicite plus fûrement la tranfpiration , & mitige les fymptômes
qui accompagnent les maladies inflammatoires. Si on double la dofe
la naufée & la maladie augmentent ,

& le malade éprouvera pendant quelque tems autour de la région de l'estomac des douleurs, des angoisses, une pesanteur, qui, le plus souvent, disparoissoient par les selles.

SECTION XVII.

ON dit qu'au Japon & à la Chine la pierre est une maladie très-rare, & que ces peuples supposent que le Thé a la vertu de la prévenir. En tant qu'il rend l'eau plus douce & de meilleure qualité, il peut être d'une utilité plus utile (*l*).

Nous pouvons aussi observer que tout dissolvant n'est capable d'attirer à soi qu'une quantité limitée du corps à dissoudre, & quand il en est pleinement saoulé, il est incapable de la tenir longtems en dissolution ; de-là, il est évident que la quantité de la matiere pierreuse emportée & charriée, doit être plus abondante en raison de l'accroissement de l'urine, & de son peu de séjour dans

la veffie ; c'eft pourquoi , comme
le Thé eft diurétique, il peut , fous
ce point de vue être regardé comme
lithontriptique.

Le Thé , comme nous l'avons obfervé , contient une vertu aftringente & anti-fceptique ; (Section II
Exp. III.) il contient auffi un dégré
affez confidérable d'amertume , &
comme on prefcrit la poudre de l'*uva
urfi*, *arbutus uva urfi caulibus procum-
bentibus , foliis integerrimis*, Lin. Sp.
pour la gravelle , de même que d'autres amers qui ont appaifé de cruels
paroxifmes de la pierre ; ne peut-on
pas auffi employer le Thé avec fuccès , relativement à fa vertu anti-
acide ?

J'ai fouvent eu occafion d'obferver que des perfonnes , après un violent exercice , ou épuifées par les fati-
gues d'un long voyage , & affectées
d'une fenfation doulourenfe , d'un
mal-aife général, accompagné de foif
& d'une chaleur ardente , en buvant
quelques taffes de Thé avoient éprouvé un foulagement fubit. Il détrempe
doucement ; c'eft un fédatif agréable

après un grand repas, quand l'estomac est chargé, que la tête est pe-
sante, douloureuse, & que le pouls
est élevé (*m*).

SECTION XVIII.

JE terminerai ces remarques par
quelques réflexions sur cette herbe, considérée sous un autre point
de vue.

Comme le luxe de toute espece
est augmenté en raison de l'accroif-
fement des superfluités étrangeres,
il a contribué plus ou moins à ces
maladies & à ces foiblesses de nerfs
qui sont maintenant si fréquentes.
Entre ces causes, l'excès des liqueurs
spiritueuses est une des plus considérables ; mais la source primitive
de cette pernicieuse coutume est due
souvent à la foiblesse & à la débilité
du systême nerveux , occasionnées
par l'habitude journaliere de boire
du Thé (*n*). Une main tremblante
cherche un secours momentané dans

quelques cordiaux : on s'imagine par-là fortifier, ranimer les nerfs af- foiblis, de sorte que ces personnes tombent par nécessité dans une ha- bitude d'intempérance , & répan- dent souvent sur leur postérité nom- bre d'incommodités , qu'une con- duite opposée leur auroit épargnées.

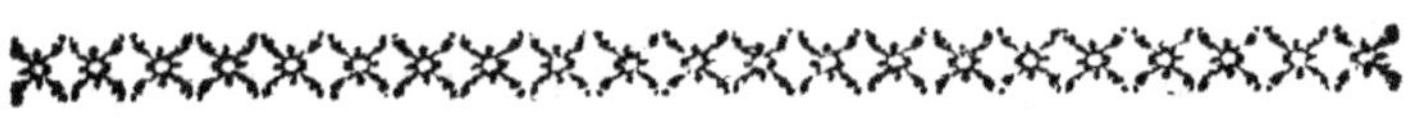

SECTION XIX.

Une autre fatale conséquence qui résulte de cette coutume générale de boire du Thé , affecte particuliere- ment cette classe pauvre du peuple, condamnée au travail ; leurs salaires modiques peuvent à peine suffire à leur procurer les nécessités de la vie & des alimens sains ; plusieurs se piquent de s'élever au niveau des personnes plus riches qu'eux , & d'i- miter leur luxe, dissipent follement leurs petits salaires pour acquérir cette herbe à la mode , & sont assez inconsidérés que de se priver des moyens d'acheter pour eux & leurs

familles des alimens sains & convenables.

J'ai connu quelques misérables
familles infatuées de cette sotte ma-
nie, leurs enfans étoient maigres,
décharnés, attaqués de différentes
indispositions, qui étoient la suite
d'indigestions, de foiblesses & de
relâchement ; quelques - uns enfin
étoient attaqués d'un abattement si
excessif, que leurs membres en étoient
devenus contrefaits ; leur physiono-
mie pâle, & que le marasme étoit
la catastrophe de cette triste tragédie.

Ces effets ne doivent pas tant être
attribués aux propriétés particulieres
à cette herbe dispendieuse, qu'au
défaut d'une nourriture saine, que
cette premiere dépense les met hors
d'état de se procurer. J'ai connu une
famille de ces pauvres gens, com-
posée d'une mere & de quelques
enfans, qui étoient si passionnés pour
le Thé, & dont les gains étoient
si médiocres, que trois fois par jour
à l'heure de chaque repas, ils en-
voyoient chercher réguliérement du
Thé, du sucre avec un morceau de

beurre pour se subftanter. Ce régime diminuoit leurs forces journellement ; une maigreur affreuse & un
tempérament foible caractérisoient
cette malheureuse famille , jusqu'à
ce que quelques-uns de ces enfans
furent enlevés de ce repaire empri-
sonné ; quelque tems après ils re-
couvrerent une santé paffable.

Un Auteur ingénieux obferve que
dans ce Royaume les dépenses super-
flues employées en Thé & en sucre
suffiroient pour fournir du pain à
plus de quatre millions de personnes (o) & l'Auteur des Lettres du
Fermier dit que la confommation
du Thé coûte au pauvre chaque fois
qu'il en prend la somme ci-après.

Le Thé . . . . $\frac{3}{4}$ d.
Le Sucre . . . . $\frac{1}{2}$
Le Beurre 1
Le Feu & Uftenfiles . . . . . $\frac{1}{4}$
                                         2 $\frac{1}{2}$

Le Thé $\frac{3}{4}$ de d. *arg. de Fr.* 1 f. 6 d.
Le Sucre $\frac{1}{2}$ d. 1
Le Beurre 1 f. 2
Feu & Uftenfiles $\frac{1}{4}$ d. . . . 6
                   Total 5 f.

Deux fois par jour
font par an à 7 l. ſt.
12 ſ. par tête, mon-
tant à . . . .   73 l. 15 ſ. 3 d.

Le pain pour une
famille de cinq per-
ſonnes monte par an
à 13 l. ſt. 15 ſ. 9 d.
qui font monnoie de
France . . . .   340 l. 6 ſ. 3 d.

D'où il réſulte que la dépenſe annuelle en Thé, Sucre, &c. pour deux
perſonnes excéde la dépenſe néceſſaire du pain pour la nourriture d'une
famille de cinq perſonnes, de la
ſomme de 7 l. 4 ſ. 3 den. argent de
France.

Quand on boit du Thé deux fois
par jour, la dépenſe annuelle monte
à 7 liv. 12 ſ. Ce judicieux Ecrivain
eſtime le bled néceſſaire pour une famille de Laboureur de cinq perſonnes à 14 liv. 15 ſ. 9 d. par an (*p*).
Il paroît par ce calcul que la dépenſe
annuelle du Thé, du Sucre, &c.
pour deux perſonnes, excéde la dépenſe indiſpenſable du pain ſuffiſant
pour une famille de cinq perſonnes.

SECTION XX.

Il est évident que d'après un calcul modéré, l'Angleterre consomme annuellement trois millions de livres pesant de Thé, & l'expérience nous apprend que chaque livre de Thé consomme dix livres de beurre au moins. Il s'ensuit de-là que la consommation du beurre avec cet aliment dangereux, si cependant il mérite ce nom, monte annuellement au total surprenant de 30000000 de livres : on peut aussi avancer qu'il faut au moins cinq gallons de lait pour faire une livre de beurre (q). Cela étant accordé, nous pouvons pousser plus loin notre calcul.

Supposé donc qu'un gallon de lait avec le pain suffise à trois Laboureurs pour leur déjeûner & leur souper, & que ces aliments constituassent la moitié de leur nourriture, il s'ensuivroit de cet usage de boire du Thé, qui est si à la mode, que ce

Royaume ne peut pas suppléer, à un million près au moins, à la nourriture d'autant de monde qu'il le pourroit, si ces habitans vivoient d'une maniere plus simple. Mais en supposant seulement qu'on alloue un demi-million pour le pain consommé avec le lait, & pour les autres usages du lait, le beurre en ayant été extrait, le *déficit* montera au nombre toujours incroyable de 500000 ames.

Fin de la seconde partie.

NOTES

NOTES

Sur l'Histoire du Thé.

(a) [p. 15.] Linnæus place le Thé dans l'ordre des Polyandria monogynia, (à plusieurs étamines & à un seul pistile;) mais cet arbrisseau ayant fleuri au mois d'Octobre dernier à Sion, dans le jardin du Duc de Northumberland, on a été en état de rectifier la méprise de cet illustre Professeur. V. *Amœnitates Academicæ*, vol. VII.

N. B. On observera que les boutons à fleurs naissent droits, qu'ils s'inclinent ensuite jusqu'au moment de la floraison, où la fleur est pour lors droite; les fleurs passées, ils reprennent l'inclinaison qu'ils avoient avant la floraison.

(b) [p. 16.] De plus de cent échantillons de fleurs séchées du Thé que j'ai examinés, à peine en ai-je trouvé une sur vingt qui fût parfaite; quelques - unes n'avoient que

F

trois pétales , les unes neuf, les autres en nombres intermédiaires. Les fleurs qui paroissoient complettes dans leur nombre, étoient composées de six grands pétales , & extérieurement de trois plus petits de la même forme ; mais les fleurs que portoit le Thé du Duc de Northumberland , étoient composées en général de six pétales : c'est d'après cet arbrisseau , que nous donnons cette description. Il est vrai qu'une de ces fleurs a paru avoir trois pétales ; cependant le nombre des pétales dans la plûpart varie considérablement: ce qui peut rendre raison de l'erreur de l'infatigable Linnæus , (ce Botaniste a décrit cet arbrisseau sur l'autorité du Docteur Hill ,) qui a fait du Thé-verd & du Thé-bout deux especes distinctives , donnant neuf pétales au premier , & six au Thé-bout. Voy. *Amœnit. Acad.* v. VII. p. 248. Hill , *Exot.* t. 22. Kœmpfer, *Amœnit. Exot.* p. 609. Breyn, *Exot. plant. cent.* I. p. LII.

N. B. Le Docteur Hill a donné le Jardin de Kew de la feue Princesse de Galles imprimé à Londres, 1 v. *in*-8°. 1768 ; les plantes y sont arrangées suivant une nouvelle méthode florale , inventée par l'Auteur.

(*c*) [*ibid.*] Dans une fleur que j'ai reçue de ce Naturaliste, si bon Observateur, J. Ellis de la Société Royale, j'ai compté plus de 280 étamines.

(*d*) [p. 17.] Kœmpfer décrit les antheres solitaires.

(*e*) [*ibid.*] C'est ce qui a occasionné l'erreur de Linnæus, en plaçant cet arbrisseau dans l'ordre des polyandries monogynies. Cette méprise est fort naturelle , quand on n'examine que des fleurs féches.

(*f*) [p. 19.] Les Auteurs ne sont pas d'accord sur la taille de cet arbre ; le pere le Comte dit qu'il croît à différentes grandeurs & grosseurs depuis deux pieds jusqu'à deux cens, & qu'il est quelquefois si gros, que deux hommes peuvent à peine en embrasser le tronc, quoiqu'il observe que le Thé qu'il a vu dans la Province de Fokien n'excédoit pas cinq à six pieds. Du Halde cite un

Auteur Chinois qui décrit la hauteur de différens Thés , depuis un jusqu'à trente pieds. Description générale , historique , chronologique, politique & physique de la Chine, Paris 1755 , *in-folio* t. 4. Histoire de Chine , Londres, 1736. v. IV. p. 22. Voyez aussi le Spectacle de la Nature , par l'Abbé Pluche, t. 1. p. 490. Mais Kempfer , sur le témoignage duquel on doit plus fonder , ne lui donne , dans sa pleine & entiere croissance, que la hauteur d'un homme ; il le définit *Thea , frutex folio cerasi , flore rosæ sylvestris , fructu unicocco , bicocco , & in plurimùm tricocco. Amænit. Exot. Lemgoviæ, in-4°.* p. 605. On peut regarder le récit de Kempfer comme un juste milieu ; car Osbeck dit qu'il a vu des Thés dans des pots à fleurs, qui n'avoient pas plus d'une aune de haut. Voyage à la Chine , vol. I. p. 247. voy. aussi Eckeberg , Traité de la Maison rustique Chinoise , vol. II. p. 303.

(*g*) [*ibid.*] Les péduncules augmentent en épaisseur vers leurs extrémités , & étant plus minces à leur insertion au tronc. (*Le pédun-cule supporte la fructification , c'est-à-dire , la fleur & le fruit , comme le pétiole soutient les feuilles*).

(*h*) [p. 20.] Nul Auteur n'a encore remarqué jusqu'à-présent cette particularité qui s'offre d'elle-même, & même Kempfer rapporte que les feuilles sont terminées en pointe aiguë, dit l'Auteur , cependant Kempfer se sert du terme *mucrone obtuso*. Voy. Kempfer *Amænit. Exot.* pag. 611 , jettez les yeux sur la planche du Thé qu'il nous a donné, *ibid.* p. 606.

(*i*) [*ibid.*] C'est lorsque la partie supérieure de la feuille est renflée en quelques endroits , & qu'elle a par intervalles des enfoncements.

(*k*) [p. 21.] Il est fort peu important de sçavoir si la dénomination du Thé est empruntée du mot Japonois *Tsjaa*, ou du Chinois *Theh* ; à quelque légere différence près dans la prononciation , cette plante est bien connue sous ce nom dans la plus grande partie de l'Univers.

(*l*) [*ibid.*] J'ai examiné plusieurs

centaines de fleurs des pays où croif-
fent le Thé-verd & le Thé-bout ;
leurs caracteres botaniques m'ont
toujours paru uniformes. Voyez les
avis pour le tranfport des femences
& plantes exotiques , par J. Ellis.

(*m*) [p. 22.] Voyez Jac. Breynii
Exot. cent. 1. p. 114, 115.

(*n*) [*ibid.*] V. 1. p. 734. édition
troifieme.

(*o*) [p. 23] *Amænit. Exot.* pag.
618 & fuivantes. Voyez auffi l'Hiftoire du Japon par Scheuczer , Londres, 2 v. *in-folio.* App. 2. Geoffroi,
Matiere médicale. v. II. p. 276.

(*p*) [*ibid.*] Osbeck , dans fon
Voyage en Chine en parlant du *Camellia* , dit : j'en achetai dans la rue,
d'un aveugle, un qui avoit de belles
fleurs doubles blanches & rouges ;
mais en l'obfervant de plus près dans
ma chambre , je trouvai que les
fleurs étoient empruntées d'une autre
fleur , & un calice étoit fi artifte-
ment attaché fur un autre avec des
clous de Bambou, que j'aurois eu
beaucoup de peine à découvrir la
fourberie , fi les fleurs n'avoient pas

commencé à se faner ; l'arbrisseau lui-même n'avoit que des boutons, mais point de fleurs épanouïes. J'appris de cet exemple, que quiconque trafique avec les Chinois, doit faire usage de la plus grande circonspection, & qu'encore il coure le risque d'être trompé. v. VII. p. 17.

(q) [p. 24.] Vid. Jac. Breynii, Genadensis Exoticarum, aliarumque minus cognitarum plantarum. cent. 1. 1678. *in-folio*, p. 114.

(r) [p. 29.] Quelques Auteurs y ajoutent le Royaume de Siam.

(s) [*ibid.*] Voyage de le Comte à la Chine, p. 112.

(t) [p. 30.] Voyages de Kalm au Nord de l'Amérique, vol. II. p. 314. L'ingénieux Traducteur de Kalm, M. Forster ajoute la note suivante. „ Dans mes voyages au milieu des „ déserts au-delà du Volga, j'ai eu „ plusieurs occasions de faire la mê„ me observation sur le Thé, & tout „ voyageur dans de pareilles cir„ constances, sera obligé de conve„ nir de cette vérité «.

(u) [p. 31] Le voyage de huit
F 4

jour d'Hanway , vol. II. p. 21. Le
même Auteur observe que le Thé
se vendit alors soixante schellings la
livre ; ce qui fait environ 69 livres
de notre monnoie actuelle.

(x) [*ibid.*] Préface de l'Histoire
Naturelle du Thé par Short.

(y) [p. 32.] La quantité de Thé
qui entre en contrebande dans ce
Royaume est presque incroyable, &
n'est point comprise dans le calcul.

(z) [p. 33.] Dans cette province
cet arbrisseau est appellé Thée ou
Té , & comme les Européens y sont
entrés les premiers , cette dénomination s'est conservée. Voyage du
pere le Comte à la Chine , p. 227
du Halde , vol. VI. p. 21.

(a) [p. 35.] Le meilleur Thé
croît dans un climat doux & tempéré. Le pays aux environs de Nankin produit de meilleur Thé que
Pékin & Nankin. On nous assure
qu'aucun arbrisseau du Thé n'a pas
encore péri en Angleterre , malgré
la rigueur du froid, mais j'ai un
exemple du contraire ; le Thé du

jardin de la Princesse de Galles à
Kew fleurit sous un chassis, aidé de
la chaleur du soleil, aussi bien qu'à
Mile-Eud, dans les jardins de l'infatigable Gordon. Deux de ces arbrisseaux appartenant au Docteur Fothergill croissent à ravir dans son
jardin à Upton, exposés en plein air
au soleil.

(b) [ibid.] Du Halde & autres
Auteurs ont observé que le dégré du
froid dans quelques parties de la
Chine est excessif en hyver ; dans les
parties intérieures du nord de l'A-
mérique, & dans les grands conti-
nents, les dégrés du froid & du
chaud sont plus violents que dans les
Isles, ou dans les lieux qui avoisi-
nent la mer par la même latitude,
parce que l'air qui souffle sur la mer
est sujet à moins de variations à cet
égard, que celui qui passe sur une
grande étendue de terres, à cause
que la mer, les grands lacs, &c. en-
tretiennent une température unifor-
me dans les différentes saisons. On
pourroit ajouter aux réflexions de
l'Auteur, que les parties aqueuses

voiturées fans cesse par les vents qui
paffent fur la furface des eaux , en-
tretiennent dans l'athmofphere des
Ifles une fraîcheur humide très-pro-
pre à la végétation.

„ *Je voudrois que l'Auteur eût eu*
„ *la complaifance de nous indiquer*
„ *l'Auteur qui a vu croître le Thé en*
„ *plein air dans le nord de la Pro-*
„ *vince de Pechteli. Quelques curieux*
„ *de Pékin peuvent peut-être les éle-*
„ *ver dans des pots dans leurs jar-*
„ *dins , & enfuite les renfermer lorf-*
“ *que les gelées commencent , comme*
„ *nous faifons à l'égard de nos oran-*
„ *gers & de nos myrthes. Cette remar-*
„ *que eft de M. le Chevalier Janffen* “.

(c) [p. 36.] *Amœnitates Exo-*
ticæ , p. 618 & fuivantes.

(d) [p. 38.] On ne prend pas
les mêmes précautions pour les autres fortes de Thés.

(e) [*ibid.*] Ce n'eft pas vraifem-
blablement cette efpece de Thé à
laquelle les Hollandois donnent auffi
le même nom , en ce qu'il eft vendu
fur le lieu , aux princes du pays ,
beaucoup plus que ne l'eft le Thé

(131)

commun pour l'Europe. Kempfer,
Amœnit. Exotica. p. 17. Chymie de
Newman par Lewis, p. 373.

(*f*) [p. 40.] Voyez la Maison
Chinoise d'Eckeberg, dans le Voyage d'Osbeck, v. VII. p. 303.

(*g*) [p. 41.] Histoire de la Chine par du Halde, v. IV. p. 21.

(*h*) [*idem.*] *Ibid.* vol. II p. 300.
Kempfer observe dans son Histoire
du Japon, que le commerce entre
les deux nations date de toute anti-
quité. Anciennement les Chinois
avoient un commerce beaucoup plus
étendu avec les Japonois qu'ils ne l'ont
actuellement ; les rapports immé-
diats de religions, des mœurs, des
livres, des langues sçavantes, des
arts & des sciences de ces deux nations leur avoient procuré une entrée libre au Japon. Hist. du Japon,
vol. I. p. 374.

(*i*) [p. 42.] Quelques écrivains
parlent de platines de cuivre, & supposent que cette effervescence verte
qui paroît sur le cuivre peut augmenter la verdure du Thé-verd, mais
les expériences faites à ce sujet don-

F 6

ment lieu de penser que cette supposition est sans fondement.

(*k*) [p. 44.] On doit employer
toutes les précautions pour préparer
le beau Thé-verd , afin de conserver sa couleur verte , & ses parties
essentielles sujettes à s'évaporer.

(*n*) [p. 46.] Voyez les Sections
VII & VIII , on a lieu de douter
que la conclusion du détail du pere
le Comte ne soit pas fautive ; car il
n'est pas probable que ces feuilles
se roulent , dès qu'elles acquierent
d'elles-mêmes une frisure aussi parfaite que celles que nous observons
dans le Thé qu'on apporte en Europe.

(*o*) [p. 49.] Il y a quelques circonstances dégoûtantes dans la préparation du Thé. Osbeck dit que les
Valets Chinois foulent le Thé dans
les caisses à pieds nuds. Voyage à la
Chine, v. I. p. 242.

(*p*) [*ibid.*] Histoire de la Chine , par du Halde, *in-fol.* t. 1. p. 20
& suivantes. Voyage à la Chine par
Osbeck. v. I.

» Le Thé-vouhé, que nous appel-

» lons par corruption *Bohea*, prend
» son nom de la Montagne Vou-y-
» Teha, dans la province Fokien,
» où il croît, par 27 dégrés de lat.
» nord 38 ". C'est le plus estimé à
» la Chine, il plaît au goût par son
» parfum & par sa délicatesse, il pu-
» rifie le sang, réjouit, rétablit les
» forces épuisées, & nettoye l'esto-
» mac. Les Chinois n'en boivent pas
» une si grande quantité à la fois
» que les Européens, ni si chaud.
» Ceux qui ont soin de leur santé
» s'abstiennent de boire une grande
» quantité de ce Thé bouc pendant
» l'hyver, parce qu'il ouvre trop les
» pores & les rend trop susceptibles
» des impressions de l'air ; mais dans
» les tems chauds, ils en prennent
» une double dose pour rétablir par
» ses qualités balsamiques, les per-
» tes qu'occasionne une trop grande
» transpiration «.

Cette remarque est de M. le Chevalier de Janssen.

(*q*) [p. 50.] Les Chinois ont
une autre sorte de Thé-hyson, qu'ils
appellent Hyson - utchiu, dont les

feuilles font courtes & étroites ; ils nomment une autre forte de Thé-verd Go-bé , dont les feuilles font longues & étroites.

(r) [ibid.] Le Padre-futchong a un goût & un parfum plus délicat que le futchong commun ; les feuilles en font larges & jaunâtres, elles ne font point roulées , mais étendues : on les empaquete dans des facs de papier chacun d'une livre & demie ; il eft communément tranfporté par les caravanes en Ruffie. A moins de beaucoup de précautions, il perdra de fa qualité à la mer. On trouve rarement de ce Thé en Angleterre.

(s) [p. 51.] Il y a une forte de Thé appellé Lin-kifam , à feuilles étroites & rudes : on l'employe rarement feul, mais on le mêle avec d'autres , en l'ajoutant au Conge , quelquefois les Chinois font une forte de Thé-pekoe. Voyage d'Osbeck à la Chine , v. I. p. 249.

(t) [ibid.] Le meilleur Thé-bout eft appellé par les Chinois Tao-kyonn , une forte inférieure eft appellée Au-kai , d'un lieu de ce nom dans le diſtrict de Houain , près de Canton ; le Thé eſt fort groſſier , les feuilles en ſont jaunes & brunâtres , & le germe en eſt le moins agréable de tous ; il eſt appellé par les Chinois Honam-té , ou Kuli-té.

Quelques ſortes de Thé ſont blanchâtres , & ont l'odeur de l'iris de Florence; d'autres dans la province de Fokien ayant les fleurs de l'arbriſſeau mêlées avec les feuilles , répandent une odeur ſi exaltée , qu'ils parfument tout l'appartement. Quand les Chinois trouvent le Thé un peu amer , ils mettent un petit morceau de ſucre candi dans leur bouche , mais en général ils le boivent dans des taſſes fort petites , & ſans aucune mixtion. M. de Janſſen.

(*u*) [p. 52.] Ce qui rend plus problable ce qu'on a obſervé à la fin de la ſection I.

(*x*) [p. 54.] Un certain dégré modéré de chaleur a conſervé le verd & le parfum mieux qu'une exſiccation précipitée. Dans le premier cas, il eſt néceſſaire de répéter plus

souvent le procédé de chauffer & de
rôtir.

(*y*) [*ibid.*] Les infusions du beau
Thé-bout ne diffèrent pas beaucoup
en couleur du Thé-verd.

(*a*) [p. 56.] La centieme partie
d'un grain de cuivre diffoute dans
une pinte de liqueur donne une couleur bleue fenfible, au moyen de
quelque alkali volatil. *Voy.* la Chymie de Neuman, nouveau Cours de
Chymie, p. 62. Mais le plus beau
Thé Impérial n'annonce aucun figne
de la préfence de ce métal, après
qu'on en a fait l'expérience.

(*b*) [*ibid.*] Boerhaave a attribué
la couleur verte du Thé-verd à cette
fubftance.

(*c*) [*ibid.*] Je me rappelle une
circonftance plaifante qui arriva à
une partie du Thé, & dont nous
fûmes témoins, faite à la campagne
après dîner. L'eau qu'on avoit fait
bouillir pour le Thé avoit été tirée
d'une fource ferrugineufe, quand
on eût verfé l'eau dans la theyere fur
les feuilles, elle devint fur le champ

noire comme de l'encre, toute la
compagnie fut furprife de ce phéno-
mene , & abandonna la partie.

(d) [p. 57.] Kempfer, *Amœnit.*
Exot.

(e) [*ibid.*] Voyage d'Osbeck à
la Chine.

(g) [p. 58.] On fait une infufion de Thé inférieure , & qui eft
bue à la maniere Chinoife, fections
VI & VII. 1.

(h) [*ibid.*] Hift. de la Chine.

(i) [p. 59.] Dans les chemins
publics, & dans toutes les places où
il y a un grand concours de peuple
au Japon, & même au milieu des
campagnes & des bois fréquentés, on
a bâti des cabarets à Thé. La plûpart
des voyageurs ne boivent gueres autre chofe fur les chemins. Hiftoire
du Japon par Scheuchzer , *in-folio* ,
v. II. p. 428.

(k) [p. 60.] C'eft le *Myrica*
gale. Syftema naturæ , v. III. p. 651 ,
ou *Galefrutex odoratus feptentriona-*
lium , *eleagnus cordo chamæleagnus*
Dodonæi. J. B. mas & fœmina. Il
croît dans le nord de l'Angleterre ,

& est indigene en Brabant , chez d'autres nations du Nord , & en plufieurs endroits de la France. Nous le cultivons dans nos jardins ; il veut avoir les pieds dans l'eau. Ce *Galé* a des individus mâles & femelles. Voyez le Traité des Arbres & Arbuftes , par M. Duhamel du Monceau.

(*l*) [*ibid.*] Les figures de ces échantillons du Thé ont été publiées dans les Mémoires de l'Académie de Copenhague, & dans les Ephémérides d'Allemagne.

(*m*) [*ibid.*] Le Thé, dit le pere Labat, t. III. p. 466 & fuivantes, croît naturellement aux Ifles, on l'appelle Thé fauvage ; fes feuilles cueillies & expofées au foleil fe féchent & fe roulent d'elles-mêmes. Notre Thé Américain a naturellement , auffi bien que celui de la Chine l'odeur de violette. M. de la Guerigue Savigny ayant eu de la graine qui venoit en droiture de la Chine, la fema ; elle leva heureufement & produifit des arbriffeaux fort beaux & fort chargés de feuilles , qui fe

trouverent être les mêmes en toutes
choses, que notre Thé prétendu sau-
vage, qui vient partout en abondance & sans culture.

(*n*) [*ibid*] J'ai rencontré fréquemment cet arbrisseau aux Indes
Occidentales.

(*o*) [*ibid.*] On voit aujourd'hui
deux pieds de cette plante dans le jardin Botanique d'Upsal ; ils furent ap-
portés de la Chine vers l'année 1752
par M. Lagerstrom, Directeur de la
Compagnie Orientale de Suède pour
le Thé ; mais lorsqu'ils porterent des
feuilles, il parut évidemment que
c'étoit l'espece de Tsubakki, appellée par Linnæus, S. pl. p. 982. *Camellia Japonica*, *Tsubakki monta-
na*, *S. Sylvestris flore roseo simplici*
(Kempfer, *Am. Exot.*) que ce Professeur place dans les Monadelphia
polyandria. Ce célèbre Botaniste dit
que les feuilles de son Camellia sont
si ressemblantes au vrai Thé, qu'elles tromperoient les Botanistes les
plus exercés ; leur seule différence
est qu'elles sont un peu plus larges.

Amœnit. Acad. vol. VII. p. 251. Voy. aussi les conseils d'Ellis sur le transport des plantes, p. 28. Un Camellia a été apporté de la Chine l'été dernier en bon état ; les feuilles de cet arbrisseau sont terminées en une double pointe obtuse, (échancrées & obtuses) comme celles du Thé, ce qui peut occasionner une méprise & les faire prendre pour les feuilles de ce dernier. Kempfer observe qu'on conserve les feuilles d'une espece de Tsubakki, & qu'on les mêle avec le Thé, pour lui donner une bonne odeur. *Amœnit. Exot.* p. 858.

Le Camellia a été apporté à Trianon en 1665 pour le vrai Thé. Je cultive aussi cette plante : elle passe très-bien dans l'orangerie, & elle prend facilement de bouture : ce qui fait espérer qu'on pourra par la suite multiplier le Thé par le même procédé. Le Camellia a enduré à Trianon deux ou trois dégrés de gelée.

(*q*) [p. 61.] Simon Pauli de l'abus du Thé & du Tabac, Strasbourg, 1665.

On peut voir dans le Dictionnaire

de M. de Bomare (t. VI. p. 182 &
suivantes) les différentes plantes qui
portent le nom de Thé ; on peut y
ajouter le *sideroxilon lycioides* qu'on
appelle vulgairement Thé de Boerhaave , & le *cytisus arboreus floribus
spicatis* , *dilute cævulcïd* , *vulgi Culen* ,
(*Psoralea grandulora* de Linnæus)
dont Fraisier vante beaucoup les vertus dans son Voyage de la mer du
Sud , p. 107. L'infusion de ses feuilles est très-stomachique ; les habitans
du Chili les appliquent sur leurs bles-
sures avec succès.

Je ne puis me dispenser de parler
du *Vezacepucha* , ou Thé du Labredor. Il y a deux especes qui sont toujours vertes, les feuilles très-étroi-
tes ; M. de Janssen me mande qu'il
en a acheté à Gordon une petite espece *minoribus foliis* , mais que ces
deux especes ne sont point le *Rho-
dora* qui se dépouille l'hyver, & qui
a les feuilles larges. Ces premieres
especes sont donc connues jusqu'à
présent sous les noms de Vezacepucha, Thé du Labredor, ou Herba
hyperion & un Georgyphile, qui ha-

sur le Mont-Fichtelberg , très-haute & très-stérile Montagne de la Franconie, nous annonce que cinq ou six feuilles au plus de ce Thé transplanté suffisent pour deux très-bonnes tasses. Lorsqu'on en froisse une seule entre les doigts , elle rend une odeur semblable à celle des meilleurs citrons. Notre Agriculteur Allemand en offre la graine à tous ceux qui désireront en essayer la culture. On peut planter ces graines dans un terrein froid ; il faut les garantir de l'ardeur du soleil & de la trop grande sécheresse , de même que des froideurs trop vives , jusqu'à ce que la plante soit bien enracinée. En général ce Thé aime un air tempéré & un sol plus humide que sec.

Lorsque la plante est parvenue à la hauteur d'un pied , on peut en couper les plus grandes feuilles que l'on fait sécher au grand air & à l'abri des rayons du soleil. Cette premiere espece de Thé est la meilleure; elle répond au Thé *impérial* de la Chine. La seconde coupe se fait vers la fin d'Août de la même

(143)

maniere; c'est le Thé-verd des Chinois; enfin au commencement des froids, on fait la troisieme coupe, c'est le Thé bout ou de la derniere qualité; c'est alors qu'on recueille la semence. Vers la fin de l'automne la plante doit être transportée dans une bonne serre en hyver; l'année suivante elle est beaucoup forte, & produit une récolte bien plus abondante. Gazette d'Agriculture, année 1773. n°. 4. p. 30 & 31.

N'oublions pas de parler encore des *Cassine vera floridanorum, arbuscula baccifera alaterni ferme facie foliis alternatim sitis, tetrapyrene,* Pluck. Mont. 40. Miller assure que c'est le véritable Thé du Paraguay, il ajoute que les Indiens de la mer du Sud en font beaucoup de cas, & que les Sauvages Septentrionaux en font un grand usage pour leur santé. M. Frezier dit que les Espagnols usent de ce remede contre les exhalaisons des mines du Pérou, & qu'on en fait grand usage à Lima. Cette liqueur est préférée au Thé, elle a un goût plus agréable. Le commerce de ce Thé se fait à Santafé, on l'apporte par la riviere de la Plata. On en distingue deux especes, l'une appellée *Yerva de Palos*, & l'autre *Yerva de Camini*. Celle-ci, qui vient du Paraguay, se vend la moitié plus cher que l'autre. Ce détail porte à croire que l'Apalachine & le Thé du Paraguay sont les deux plantes qui forment les deux especes de ce Cassine : nous l'appellons communément *Apalachine* ; les Anglois le nomment Thé du Paraguay ou Juppen ; mais ces conjectures méritent d'être approfondies.

(*s*) [p. 63.] Voyez les avis donnés par M. Ellis de la Société Royale, à qui l'Histoire naturelle a de si grandes obligations, pour le transport des Indes Orientales, ouvrage qui renferme des avis pour choisir de bonnes semences, & pour les bien conserver. Voyez aussi le compagnon du Naturaliste & du Voyageur, qui donne des conseils pour découvrir & conserver les morceaux d'Histoire Naturelle. Sect. III.

Nous

(145)

Nous pouvons obſerver ici , que la meilleure méthode pour le tranſ-port des fleurs entieres , eſt de les mettre dans des bouteilles d'eſprit-de-vin. Ce ſçavantNaturaliſte n'a pas preſcrit la maniere de conſerver les parties de la fructification , mais ſon deſſein eſt de le faire par la ſuite. Les fleurs de l'*illicum floridanum*, ou l'anis étoilé , publiéesdans le der-nier volume des Tranſactions philoſophiques , lui ont été envoyées de cette maniere. Sur cet arbriſſeau cu-rieux , voyez Kempfer , *Am. Exot.* 880. t. 881. Nous avons auſſi un excellent traité ſur le tranſport par mer , des arbres , des ſemences , *in-8°.* 1758. Nous le devons à M. du Hamel.

(*t*) [p. 64.] On a réuſſi pour les ſemences du Nord de l'Amérique ; c'eſt de les mettre dans une caiſſe qui ne ſoit pas trop étroite , & de les ſtratifier avec les lits alternatifs de mouſſe fraîche , de maniere qu'on procure aux ſemences la facilité de végéter & d'étendre leurs petits che-

G

velus dans la mousse. Pendant la tra-
versée , la caisse doit être suspendue
au plancher de la Chambre. Quand
elles sont arrivées , on seme ces
graines dans des pots remplis de bonne terre préparée , sur laquelle on
répand une couche légére de cette
même mousse à laquelle elles avoient
été stratifiées. Cette méthode a procuré des semences dans un état propre à la végétation : succès qui
avoit souvent manqué , en employant
les procédés dont nous avons parlé
ci-dessus.

M. Richard , Jardinier-Botaniste
du Roi , à Trianon , très-éclairé
dans la Botanique , & excellent Cul-
tivateur , nous a appris que la terre
de Bruyere , employée sans autres
ingrédiens , étoit admirable pour la
végétation de la plûpart des plantes
qui ont des fibrilles très-minces,
comme les *Andromeda , Kalmia,
Rhododendron , Azalea ,* les *Erica,
Oxycoccus , Lininsa Septentrionalis,
Uva ursi , Trientalis , Epigæa , Thi-
mælea , Gnidium , Rodora ,* &c.

(*u*) [p. 67.] Le haut prix du

travail en Angleterre peut être un obstacle considérable à ce projet. A la Chine, les vivres sont à fort bon marché. Osbeck dit qu'un ouvrier occupé à trier les feuilles de Thé peut à peine gagner un sol par jour, ce qui suffit pour sa subsistance. Voyage à la Chine. v. I. p. 298.

(x) [*ibid.*] Gérard dit dans son Traité des Herbes, publié en 1597, p. 780. que les patates, ou pommes de terre naissent dans l'Inde, la Barbarie, l'Espagne, & autres pays chauds; j'en ai planté plusieurs racines, ajoute-t-il, (que j'ai achetées au marché à Londres) dans mon jardin, où elles ont fleuri jusqu'à l'hyver, auquel tems elles ont peri & pourri. A la même époque, ajoute-t-il, on les faisoit rôtir dans les cendres. Quand elles étoient ainsi rôties, les uns les trempoient dans le vin, les autres pour leur donner plus de goût les faisoient bouillir avec des pruneaux & les mangeoient ainsi; d'autres enfin quand elles ont été d'abord rôties, les accommodent avec de l'huile, du vinaigre, du sel , chacun suivant en cela son goût & sa fantaisie.

Ainsi , ce n'est pas d'aujourd'hui qu'on connoît l'utilité des pommes de terre ; j'ajouterai que Jean Forster , Anglois , fit imprimer l'ouvrage suivant en 1664 à Londres.

Le bonheur de l'Angleterre augmenté , ou un préservatif sûr & certain contre les années cheres , en plantant des racines appellées patates, avec lesquelles (en y ajoutant de la fine fleur de froment) on peut faire un pain très-bon & très-sain chaque année pour huit ou neuf mois , avec la moitié de la dépense qu'autrefois ; & en plantant de ces racines , dix mille hommes en Angleterre , & dans le pays de Galles , qui ne sçavent comment vivre, ni où gagner de quoi faire subsituer leur famille , peuvent d'un acre de terre se faire un revenu de trente livres sterling.

Je ne puis mieux finir cet article qu'en mettant sous les yeux du Lecteur une réflexion de M. le Chevalier de Janssen , sur l'espérance dont se flatte l'Auteur , qu'on pourra par

venir à naturaliſer le Thé. » Il y a
» longtems qu'on fait ce raiſonne-
» ment, qui eſt plus ſpécieux qu'il
» n'eſt fondé : c'eſt une illuſion ;
» mais comme il préſente dans un
» ſens une vérité connue, il faut
» s'expliquer ſur l'abſurdité de l'au-
» tre partie de ces aſſertions. Les
» mêmes plantes peuvent venir à la
» même hauteur du globe. De Paris
» à Vienne, entre 48 & 50 dégrés
» de latitude, on trouve à peu-près
» les mêmes végétaux. Les Monta-
» gnes des Alpes, des Pyrénées pro-
» duiſent les mêmes plantes que la
» Suede ou la Norvege, le dégré
» de froid étant à peu de choſe près
» pareil. Il eſt vrai qu'on a fait ve-
» nir pluſieurs végétaux de l'Aſie &
» de l'Amérique ; on les voit proſ-
» pérer, multiplier, ſe naturaliſer
» ici, comme le ceriſier, l'abrico-
» tier, le pêcher, &c., parce que le
» dégré de latitude eſt à peu-près le
» même dans ces deux pays, ou bien
» ce ſont des plantes, qui, comme
» les roſiers, les chênes, les ſapin,
» participent d'un grand chaud &

» d'un grand froid, sans en être in-
» commodées, étant habitans des
» montagnes comme des plaines
» mais tout l'art de l'homme ne peut
» pas faire venir dans nos latitudes
» des ananas, caffés & orangers en
» pleine terre, ni d'autres plantes
» tendres de l'Afrique, de l'Asie &
» de l'Amérique Méridionale. On
» seme des milliers de graines & de
» semences mûries ici, qui levent
» bien, sans qu'on se soit apperçu
» que ces plantes nées & élevées
» dans nos climats, en devinssent
» plus robustes & plus en état de
» passer l'hyver en pleine terre. Nous
» sommes obligés d'y suppléer par
» divers artifices, comme serre chau-
» de en hyver, terre préparée &
» échauffée par la tannée, fiente &
» engrais de l'espece la plus forte,
» les arrosemens mêmes doivent
» être préparés avec soin ; la com-
» paraison des tempéramens qu'ils
» font aux différens climats, n'est
» pas plus exacte. Un Africain ac-
» coutumé à aller tout nud, à se
» nourrir de fruits rafraichissans, &

(151)

» à boire de l'eau toute pure, tranf-
» porté à Mofcow, y eft traité com-
» me un oranger l'eft à Paris ; il eft
» tenu comme l'arbre dans une ef-
» pece de ferre chaude depuis le
» mois d'Octobre jufqu'au mois de
» Mai ; fon habit eft fourré, & le
» garantit de la gelée ; fa nourriture
» eft forte, on lui fait boire de l'eau-
» de-vie. Si on mettoit coucher le
» Négre & l'oranger une feule nuit
» dehors fans couverture, comme ils
» le font dans leur propre pays, on
» trouveroit le lendemain le Négre
» & l'oranger morts de froid «.

(y) [p. 70.] Joh. Ludov. Hanne-
manne de potu Calido in Mifcell.
Curiof. Simon Pauli de abufu Theæ
& tabaci. Tiffot fur les maladies des
gens de Lettres, & Waldfmick in
difput. Varior. argum. &c.

(x) [p. 72.] Voyez les Effais
d'expérience de Percival, p. 119 &
fuivantes, dans lefquels on trouve
plufieurs expériences & obfervations
ingénieufes.

(a) [p. 73.] Dans cette expé-
G 4

rience , quatre onces d'infufion ont
été tirées de deux drachmes de chaque forte de Thé , & un grain de
fel de mars a été ajouté à ces infufions refpectives. Voyez la Chymie
de Newman par Levis , pag. 577.
Short. fur la nature & les propriétés
du Thé, p. 29.

(*b*) [pag. 75.] Voyez Smith
Tentamen inaugurale de actione muf-
culari. Edimb. p. 46.

(*c*) [p. 76.] On a donné deux
drachmes de cette eau odorante à
une perfonne délicate ; elle fût auffitôt après affectée de naufées , de
foibleffe , de mal-aife & d'un aba-
tement , qui durerent quelques heures ; il eft à obferver qu'elle eft fujette
à de pareils accidents , quand elle
boit du Thé-verd le plus excellent.

La fimple odeur de Thé a fouvent
occafionné de femblables effets fur
des perfonnes délicates.

(*d*) [*ibid.*] Arboribus primum
certis gravis umbra tributa eft ufque
adeo, capitis faciant ut fæpe dolo-
res , fi quis eas fubter jacuit proftra-
tus in herbis ; eft etiam in magnis

(153)

Huiconis montibus Arbor , floris
odore hominem retro consueta neca-
re. Lucretius de rerum naturâ. l. 6.

(e) [pag. 88.] Ces effets du
Thé donneroient lieu de soupçonner, que les mêmes funestes conséquences attaqueroient fréquemment, ceux qui, à la Chine, sont
occupés à examiner les différentes
sortes de Thé ; mais dans ce pays on
fait cette mixtion dans une chambre
ouverte, où l'air a un cours libre,
& par ce moyen l'odeur & les particules les plus volatiles se dissipent ;
mais à Londres cette opération se
pratique dans une arrière boutique,
fermée de toutes parts.

(f) [p. 94.] Voyez l'Histoire de
la Chine de du Halde, v. III. p. 162.
Il y observe que la saignée n'étoit
pas tout-à-fait inconnue aux Chinois.

(g) [p. 98] Transactions Philosophiques v. LX. 1770, p. 568 &
suivantes.

(h) [p. 102.] Elle traite des
Observations relatives aux vertus du
Thé, à Leide 1769.

C

(*i*) [p. 106.] Voyez le Voyage
d'Anſon autour du monde , *in-8°.*
p. 366.

(*k*) [*ibid.*] Voy. de même l'Hiſtoire du Pere du Halde , v. II. p. 7ɤ
& ſuivantes.

Ce qu'Anſon rapporte des Chinois eſt plein d'abſurdités. (Cette
obſervation eſt de M. le Chevalier
de Janſſen.) Si un Chinois tranſ-
porté à Do vres prétendoit tracer le
caractere de la Nation Angloiſe , d'a-
près ce qu'il auroit obſervé dans la
conduite des gens de mer , des Offi-
ciers de la Douane , & des gens qui
y tiennent Hôtellerie ; cette Rela-
tion des mœurs , des uſages , du
génie de la Nation , ſeroit pleine
d'erreurs. Toutes ces aſſertions dic-
tées par la mauvaiſe humeur , par le
préjugé & par l'ignorance , pour-
roient être facilement combattues.
La Chine a donné autant de héros
& de grands hommes , que Rome &
la Grece ; ils ont eu des Conquérants à différentes époques auſſi bien
que leurs voiſins. Les Arts & les
Sciences fleuriſſoient dans ce pays ,

quand toute l'Europe étoit plongée dans la barbarie. Aucune espece de gouvernement ni d'administration ne peut être comparée aux leurs, & n'a duré un si grand nombre de siécles. Leurs usages, leurs loix, leurs réglemens, ont été constamment adoptés par leurs Conquérants, qui, au bout de 40 ou 50 ans, sont devenus Chinois eux-mêmes. Nul pays dans le monde n'est si bien cultivé; leur industrie leur vaut deux ou trois moissons par an. Leurs chemins, leurs canaux, leurs rivieres, sont conduits avec tant d'art, qu'ils étendent une communication immense, l'espace de plusieurs cent mille. Les mers ont été forcées de se retirer, & les montagnes se sont applanies devant leur art & leur industrie. On ne voit nulle part aucune ville aussi commerçante, aussi nombreuse & aussi peuplée, aussi bien allignée, & aussi policée; leur commerce intérieur est fort supérieur à celui de toute l'Europe. M. Anson oublie ou ignore tous ces avantages, & fait une longue excursion

fur les vices des particuliers. On
pourroit lui demander s'il existe , &
s'il a jamais existé une Nation civi-
lisée & polie , où la dissimulation ,
la ruse, la soif de l'or , des titres ,
des honneurs , où le luxe , l'incon-
tinence , & les mœurs efféminées
n'ayent pas régné ou plutôt ou plus
tard. Les Chinois d'à-présent ont-ils
des mœurs plus ou moins corrom-
pues, que les François ou les anciens
Chinois ? Je suis décidé à croire que
nous excellons fur eux dans les vices
de toutes les especes

Les mœurs n'ont fait que voyager
à Rome , à Sparte , (dit M. Servan
dans son discours fur les mœurs ;)
elles regnent à la Chine , c'est leur
patrie , c'est leur empire , & depuis
trois mille ans , le plus grand des
Etats est gouverné fur le plan de
la plus fimple famille ; mais le pro-
dige le plus étonnant est la victoire
des mœurs fur la victoire même....
Un Scythe furieux devient un maître
appliqué, un pere tendre , des foldats
effrénés fe transforment en Citoyens
paisibles.....

Cependant le pere du Halde dit :
il est bien vrai que la bonne foi n'est
pas leur vertu favorite. Le P....e le
Comte les dépeint fourbes & trom-
peurs : on y vit, dit-il, t. 1, p. 217,
à peu-près comme nous vivons en
Europe ; l'avarice, l'ambition, l'a-
mour du plaisir ont beaucoup de part
à tout ce qui s'y passe : on trompe
dans le négoce ; l'injustice regne
dans les tribunaux, les intrigues occupent les Princes & les Cour-
tisans.

J'ajouterai encore une anecdote
littéraire. Le Législateur du genre
humain, le sublime de Montesquieu
& M. de Mairan n'étoient pas du
même avis sur quelques points qui
regardoient les Chinois, en faveur
desquels M. de Mairan étoit prévenu par les Lettres du pere Paran-
nin, Jésuite, & dont M. de Montesquieu se méfioit. Lorsque le Voyage de l'Amiral Anson parut, il s'é-
cria : ah ! je l'ai toujours dit que les
Chinois n'étoient pas si honnêtes
gens qu'ont voulu le faire croire les
Lettres Edifiantes. Lettres familieres

de M. de Montesquieu, Florence,
1768. p. 218.

Il résulte de tout ceci que l'humanité ne perd jamais ses droits, &
que les hommes sont hommes partout, en Europe, en Asie, en Afrique, en Amérique. *C'est ici comme
ailleurs.*

(*l*) [p. 112.] En faisant bouillir
l'eau longtems, elle se dépouille des
particules terreuses, & des substances salines dont elle est imprégnée,
& devient infiniment plus légere,
mais elle ne subit aucun de ces chan-
gemens, quand on y fait infuser du
Thé. Voyez les expériences & les
observations sur l'eau par Percival,
p. 27 & 33.

(*m*) [p. 114.] Mémoires de le
Comte p. 227. Principes de Méde-
cine de Home, p. 5. Expériences
de Percival, pag. 130. Voyez aussi
Tissot sur les maladies des gens de
Lettres, p. 145.

(*n*) [*ibid.*] Expérience de Percival, p. 126.

(*o*) [p. 117.] Essais sur l'Agriculture, p. 166.

(159)

(p) [p. 118.] Volume I. p. 202
& 299.
(q) [p. 119.] Halleri Élémenta.
Physi. t. 7. P. II. p. 33 & 34.

Fin des Notes.

LETTRE II.

Sur l'usage du Thé.

REGNE VÉGÉTAL.

VOUS avez sans doute connoissance, MONSIEUR, de la Dissertation que Linnæus a publiée en 1767 sur l'usage du Thé ; cet ouvrage intéressant & digne de ce Dioscoride du Nord, a une liaison si immédiate avec la Dissertation de M. Coakley, que je crois ne pouvoir me dispenser de vous en donner le précis ; par ce moyen vous aurez une suite intéressante de ce qui a été écrit jusqu'ici sur cet arbrisseau. M. Trochereau a bien voulu encore se charger de rédiger ce précis, & de faire la traduction de la dissertation dont il s'agit ; c'est donc d'après lui que je vais vous en faire part dans ce Commerce Epistolaire.

» L'Auteur pense qu'il y a deux especes de Thé, le Thé-bohée & le Thé-verd, qui se ressemblent si fort, dit-il, qu'on seroit tenté de les prendre pour des variétés, en ce que le Thé-bohée a les feuilles ovales, & que le Thé-verd a les feuilles plus oblongues, si on n'avoit pas observé une plus grande différence dans la fleur, les pétales du Thé-bohée étant au nombre de six, & ceux du Thé-verd au nombre de neuf; il avoue qu'il ne doit point cette prétendue particularité à sa propre expérience, mais qu'il ne la donne que sur le rapport de M. Hill. Voyez à ce sujet la Dissertation de M. Coakley.

Le Thé, dit Linnæus, croît à la Chine & au Japon sur le penchant des collines, & principalement le long des bords des fleuves; il n'aime ni une eau dormante, ni une trop grande chaleur. On le rencontre depuis Canton jusqu'à Pékin.

Pékin est à la même latitude que Rome; mais les climats Orientaux sont beaucoup plus foibles que les

nôtres. Les obſervations météorolo-
giques nous apprennent que le froid
y eſt beaucoup plus vif qu'à Stock-
holm. Le Thé, dans le jardin botanique d'Upſal, paroît ſupporter très-
bien, même dans l'hyver, la chaleur, pourvu qu'elle ne ſoit pas trop
forte ; il a paſſé l'été en plein air, &
il s'y eſt auſſi bien comporté que
toutes les autres plantes des deux
Indes ; cependant on ne s'eſt pas permis de l'expoſer au froid pendant
l'hyver.

Tulpius, Médecin très-ſçavant à
Amſterdam, eſt le premier qui, en
1641, ait écrit ſur le Thé, dont il
fait un éloge pompeux. Jonquet,
Médecin & Botaniſte François, qui
nous a donné en 1658 le catalogue
des plantes qu'il cultivoit dans ſon
jardin, renchérit encore ſur les éloges de Tulpius, & s'exprime ainſi en
parlant du Thé : *Herba divina, non-*
dum cognita C. Bauhini temporibus,
creditur ſolis amor, in quam Ambro-
ſia ſuccos ſic fundit ſalutares, ut qui
hujus exhauſerit decoctum, eſt quod
arbritetur ſibi ſenii Pharmacum acce-
piſſe, &c.

On a cherché inutilement jusqu'ici à le remplacer par quelque
autre plante. Simon Pauli a prétendu que le Thé n'étoit autre chose
que le *Myrica gale.* Quelques Suédois ont voulu le suppléer par les
feuilles de l'*Acacia Sylvestris*, ou
Prunus spinosus; d'autres, par les
feuilles de l'*Origan*; ceux-ci, par les
feuilles du *Rubus articus*; ceux-là,
par la *Veronica officinalis*, la *Veronica Chamædrys* & la *Veronica pros-
trata.* Les Espagnols vantent beaucoup leur *Chenopodium Ambrosioides*,
& s'en servent fréquemment en place
de Thé. Les François ont fait l'éloge du *Capraria biflora*, qui est le
Thé de la Martinique, ainsi que
l'illustre M. de Jussieu a fait celui de
l'infusion du *Prinos glaber*, ou Apalachine des Américains; mais le Thé
des Chinois n'en a pas moins conservé tout son crédit.

Le Thé renferme des parties styp-
tiques, puisque les feuilles infusées
dans une solution de vitriol, ou dans
une eau acidule, donnent une teinture noire, il desséche & resserre les

fibres; les Médecins le placent dans la classe des médicamens atténuans; il peut être très-utile aux personnes qui ont beaucoup d'embonpoint, mais il est très-nuisible aux tempéramens maigres & secs. Les observations faites dans l'Inde par Hermann & Grim, prouvent que ceux qui abusent de cette liqueur finissent par tomber dans le marasme.

Tout corps chaud & humide, ajoute Linnæus, amollit & détend les fibres. L'usage de l'eau froide fortifie l'estomac & les visceres, donne de l'appétit, & facilite les évacuations. Les liquides au contraire trop chauds affoiblissent l'estomac, anéantissent l'appétit, & empêchent les évacuations. Pline pensoit aussi de même; voici ses paroles: *Nullum animal, præter hominem, calidos sequitur potus, ideo que non naturales sunt.*

J'ajouterai avec Linnæus, que le trop grand usage du Thé considéré, comme liqueur chaude, nuit aux dents, les noircit & les carie. M. Kalm dit que l'usage du Thé admis dans le siécle dernier par les Sauvages de l'Amérique Septentrionale, leur a procuré trois incommodités qu'ils ne connoissoient pas auparavant ; sçavoir les dents gâtées, les foiblesses d'estomac & les accouchements difficiles ; car avant cette époque, seules, & sans le secours de personne, sans même éprouver de grandes douleurs, les femmes mettoient leurs enfans au monde. On observe dans les grandes villes, comme Hambourg, Amsterdam, que presque toutes les femmes de distinction, qui font un usage immodéré du Thé, sont attaquées de fleurs blanches, *Leucorrhæa*. Les Chinois assurent que le Thé est pernicieux dans les ophtalmies, la colique, & la paralysie.

L'illustre Boerhaave a observé en Hollande une maladie qui étoit moins connue auparavant. Le malade sent dans l'ésophage comme un tubercule un peu dur & continu. Il a vu en disséquant des cadavres quelques glandes obstruées & squirreuses, dont il attribue l'endur-

ciſſement à l'uſage exceſſif de boire
du Thé chaud.

Malgré tous ces inconvéniens,
le Thé étant devenu une marchan-
diſe de luxe, les hommes n'en ſe-
ront pas plus dociles, l'empire de
la mode, l'habitude triomphent toujours de la raiſon.

M. Linnæus a fait tous ſes efforts
pour procurer cet arbriſſeau précieux
à l'Europe; il en a ſemé vingt fois
ſans aucun ſuccès. M. Osbeck en
avoit apporté un pied de la Chine,
mais étant en-deçà du Cap de Bon-
ne-Eſpérance, un tourbillon de vent
s'éleva tout-à-coup, emporta ce
pied de Thé de deſſus le gaillard
d'arriere, & le précipita dans la mer.
M. Lagerſtrom a apporté au Jardin
d'Upſal deux arbriſſeaux pour le vrai
Thé, qui ſe ſont bien portés pendant deux ans; mais lorſqu'ils ſont
venus à fleurir, on n'a pas tardé à
découvrir la friponnerie des Chinois & à s'aſſurer que ce n'étoit pas
le Thé, mais le *Camellia*. Ils étoient
ſi reſſemblants au Thé, qu'ils pour-
roient en impoſer aux yeux des Bo-

taniftes les plus exercés. Enfin , on parvint , avec de grandes difficultés, d'en apporter un à Gothembourg ; les Matelots empreffés de defcendre à terre , mirent le foir le Thé fur une table de la chambre du Capitaine ; pendant la nuit les rats du bâtiment le maltraiterent, & le mirent tellement en pieces qu'il en mourut. Enfin M. Linnæus engagea le Capitaine Ekeberg , d'en mettre des femences fraîches dans un pot rempli de terre , prefque au moment qu'il feroit voile de la Chine , afin que par ce moyen, pendant le voyage, après que le vaiffeau auroit paffé la ligne , elles puffent germer , avant que de toucher à Gothembourg : ce qui lui réuffit fi bien , que le navire ayant mouillé à Gothembourg , toutes les plantes leverent ; la moitié fût envoyée fur le champ à Upfal , & périt dans le tranfport ; le Capitaine y porta lui-même l'autre moitié le 3 Octobre 1763 ; les cotilydons ou feuilles féminales , étoient encore adhérants à chacun de ces jeunes pieds. On en peut voir à préfent au jardin d'Upfal , deux qui fe portent très-bien. La Suede fe glorifie d'avoir été la premiere qui ait poffédé cet arbriffeau.

Puifque le Thé peut fupporter le froid très-rigoureux de Pékin, continue M. Linnæus , pourquoi ne pourroit-il pas auffi fupporter nos hyvers ? Le Lilac, qui eft du même pays, s'eft auffi bien fait à notre climat que le cerifier & le prunier. Le petit nombre de pieds de Thé que nous poffédons ne nous a pas permis de tenter des expériences , car il faut les foigner avec l'attention la plus fcrupuleufe , afin d'en obtenir des rejettons qu'on puiffe tranfplanter. Si on cultivoit des plantations de Thé, comme on le peut , enfin après un demi - fiecle , l'exportation de fes feuilles ne produiroit plus aux Chinois les gains immenfes qu'ils en tirent annuellement , dans le tems que les Arabes avoient feuls la vente exclufive du Caffé , prefque tout l'Univers leur payoit un tribut dont nous devons la ceffation à Monfieur Witfen d'Amfterdam. Tels font les

vœux

vœux que nous formons de bon
cœur en faveur des Chinois. Je ne puis
mieux faire, MONSIEUR, que de
joindre mes vœux à ceux du Botaniste Suédois, & d'engager nos Con-
citoyens à cultiver en France cet arbrisseau ; s'il y réussit jamais, nous
en serons, sans contredit, redevables
à M. le Chevalier de Janssen.

» Au moment que je finissois
cette lettre, je viens, MONSIEUR,
d'apprendre que M. Fougeroux de
Bondaroy a fait insérer dans les
Observations sur la Physique, &c. par
M. l'Abbé Rozier, une *Dissertation
sur le Thé*. Je me suis empressé à
l'instant de la lire, & j'ai remarqué
une précision dans le style, & une
exactitude dans le sujet, qui doivent
engager les amateurs de s'en procurer la lecture ; cette Dissertation
jointe à celle du Docteur Anglois &
de M. Linnæus, réunit tout ce
qu'on peut dire & apprendre sur
l'arbrisseau dont il s'agit. Un concours de lumieres & d'observations
ne peut que contribuer aux plus
grands progrès de la Botanique ; ce

pendant comme on pardonne volontiers à un éditeur de prendre parti pour son Auteur, qu'il me soit permis de dire qu'on ne peut disputer à M. Coakley Lettsom un avantage qui lui est particulier; il a eu sous les yeux la plante en fleurs, & c'est dans cet état de floraison qu'il l'a décrite. M. Trochereau de la Berliere a joint à la description qu'en a donné cet Auteur, une petite observation qui lui avoit même été communiquée par M. Richard, fameux Jardinier-Botaniste du Roi à Trianon, qui est, que les filets des étamines sont attachés à la base du germe; c'est de tous les Auteurs qui ont traité sur le Thé, le premier qui a fait cette observation. Voyez le premier cahier de ce volume, qui a paru le 15 Avril dernier, tandis que la Dissertation de M. Fougeroux de Bondaroy n'a paru que le troisieme Mai.

J'ai l'honneur d'être, &c.

F I N.

ERRATA.

PAge 6, ligne 9, communiqué, *lisez* communiquée.

Ibid. lig. 16, 1766, *lis.* 1765.

Pag. 11, lig. 19, en, *lis.* de.

Pag. 22, lig. 4, *effacez* sur.

Pag. 34, lig. 7, étoit, *lis.* croît.

Pag. 40, lig. 14, étoit, *lis.* croît.

Pag. 48, lig. 3, celles, *lis.* ceux.

Pag. 60, lig. 22, *ajoutez*, le Thé de la Martinique est le *Capraria biflora*. Linn. Sp. Plant.

Pag. 66, lig. 3, occasionnent, *lis.* occasionne,

Pag. 67, lig. 1, Sordon, *lis.* Gordon.

Ibid. lig. 5, Dahm, *lis.* Dahon.

Ibid. lig. 23, s'arrêter, *lis.* s'aouster.

Pag. 92, lig. 21 *effac.* ne.

Ibid. lig. 22, conservons, *lis.* considérons.

Pag. 98, lig. 3, *effac.* y.

Pag. 105, lig. 5, étrange, *lis.* étranger.

Pag. 135, lig. 5, germe, *lis.* goût.

Pag. 138, lig. 3, après France. *ajout.* on en trouve dans la forêt de St. Léger en Yveline.

P. 141, lig. 7, *lis.* cævuleis, vulgò culen (psoralea glandulosa. L.)

Pag. 144, après la lig. 15, *ajout.* ces mots. On cultive à Trianon en pleine terre un arbrisseau, qui est de la famille des houx,

& qu'on croit être le vrai Thé de la mer
du Sud : on a soin de le couvrir pendant
l'hyver.

Pag. 145 , lig. 9 , illicum, *lis*. illicium.

Ibid. lig. 24 , les , *lis*. des.

Pag. 146 , lig. 25 , Lineusa , *lis*. Linnæa.

Pag. 150 , lig. 3 , comme ; des plaines *lis*.
comme des plaines.

Pag. 161 , lig. dern. foibles , *lis*. froids.